一次讀懂宗教

10大世界宗教探索

Exploring the World Religions

王學典◎編著

前言

在遠古社會中，當人類發覺僅僅依靠食物和水，將不足以滿足其生命時，宗教才成為人類的安慰和支柱，是人類能夠生存下去的理由。宗教這根線將穴居人類與現代人聯繫起來，將全世界的人們聯繫了起來。

其實，並不難理解信仰給予人們的力量。人總是要死，而人死後什麼模樣，誰知道呢？人類希望在混沌中找到秩序，希望理解生命中某些事情發生的緣由，希望理解人死後的奧祕。於是，人類就希望有一個無形的神，將他的願望強加給人世間。人類透過祈禱、獻祭、虔誠和慈善撫慰神靈，以得到少許的自我安慰。

宗教就這樣自然地來到很多人的身邊。它給人類帶來靈感，激發人們創作出優美動聽的音樂和傑出的藝術作品。是與非、善與惡、信仰與力量已成為文學的主題和血脈。今天，我們也是聽著祖先留下的童話和寓言長大的，這些童話和寓言，將深刻地影響我們成年後的世界觀。但是，從那些背離固有宗教而開創新宗教信仰的人身上，我們

可以看到他們的勇氣。由於他們的勇敢，才有了新宗教的誕生、發展，有時是消亡，為二十一世紀留下了燦爛的宗教文化。

宗教是個曠日持久的課題。在世界各民族、各國家與地區，在任何一個社會中，人們都能看得到，也能尋得到其歷史的軌跡。它是一種意識形態，又是社會與文化現象，還是一個特定的情感與體驗，是人類特有的精神生活。

宗教是一種在世界各個民族、各個國家普遍存在的社會歷史文化現象，至今依然影響著全世界近三分之二的人口。據有關宗教學者統計，全世界現有信仰各種宗教的信徒約四十多億人，佔世界總人口百分之七十以上。在當今資訊時代，來自世界各地的宗教資訊使人們時刻感受到宗教對全球社會生活的巨大影響。面臨世紀之交，世界上許多輿論預言，宗教將會更加興旺。總之，宗教與宗教問題正日益成為社會關注的焦點，需要我們投注心力加以認識。

《一次讀懂宗教》這本書列舉了人們所熟知的、或在世界歷史發展中有一定影響的十個宗教，主要從各種宗教的起源、教義、儀式和節日、典籍、派別、傳播和發展等方面進行了闡釋，以期改變我們不少人過去對宗教確實知之不多、認識不深，甚至還有片面不實之處的現象。

最後，再次強調一下，不同宗教反映著世界文化的不同方面。一種宗教信仰繁盛之際，另一宗教信仰可能正經歷著衰敗。如果對世界宗教沒有概括的瞭解，要透徹瞭解世界宗教是很困難的，這就是本書編寫的目的。本書在編寫過程中，參考和使用了部分出版物及網站的文字資料，在此謹向有關資料的提供者致以忠心的感謝！

目錄

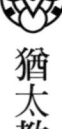

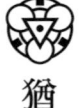

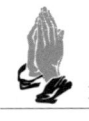

佛教

佛教

佛教是內心的宗教，教徒在內心修行時，要打坐靜思，這是為了福佑，有許多學者認為，佛教是一門哲學而不是宗教。

我們現在可以看到，佛陀的雕像遍布東南亞、印度、中國等地區。其發源地是印度，但現在，佛教在印度卻十分稀少，反而在中國、朝鮮、日本、泰國、緬甸和柬埔寨等地延續下來。在西方國家，佛教也吸引了很多信奉者，尤其是那些對物質世界感到厭倦而想尋找精神寄託的人。據統計，目前全球的佛教信徒超過兩億人。

佛教的起源

西元前六世紀時，在古印度西北部的喜瑪拉雅山腳下，有一個小國，小國裡有位釋迦族的淨飯王。淨飯王與王后摩耶夫人在年近中年之時生下一位王子，取名叫喬答摩．悉達多，也就是他，一手締造了綿延至今的佛教。

喬答摩誕生後不久，其母即逝世，小王子由姨母摩訶伽波提養育。喬答摩十九歲時在父王的安排下娶了善覺王的美麗女兒耶輸陀羅公主為妻，並生有一子，但是，喬答摩實際上是過著隱居的生活，因為有一位智者告訴他父親，喬答摩將會有「四遇」，而顛覆現有的生活。父親希望皇族的香火延續，因此讓兒子待在家裡，以免印證了智者的預言。

然而，這個平靜而幸福的生活還是被擾亂了。喬答摩得知他所過的幸福生活是騙人的假象——他那四次著名的乘車穿越城市去遊園的經歷，讓他看見一個老人、一個病人、一具屍體和一個托缽乞僧。從此他知道人間有苦難，並從乞僧安詳的態度看到擺脫苦難的辦法。他想到：「出家人一定不會有俗人那麼多的痛苦。」就這樣，出家的念頭在他的心中越來越強烈了。

一天夜裡，他默默地告別了妻子和兒子，在馬伕的隨同下離開了王宮。他跑到樹林深處，脫下絲綢衣服，披上樹皮，命馬夫牽馬回去。從此離開了他生活了二十九年的王宮。

他父親聽到兒子出家的消息後，十分傷悲，派人勸說無果後，便在親族中選派了阿若等五人伴隨兒子左右。開始時，喬答摩帶領五人向當時最有名的學者之一阿羅藍學習，模仿他們齋戒苦修，以求精神上的解脫。但阿羅藍主張的苦行，喬達摩認爲並不可取，就離開了阿羅藍。

時間一天天地過去，喬答摩始終在不停地思考。漫長的六年中，他雖然對人生的眞諦有了模糊的認識，但始終不能達到無上的境界。而隨著食物一天天地減少，他的身體變得極度虛弱，骨瘦如柴，精神迷惘。有一天，他忽然醒悟：「折磨自己徒勞無益，含辛茹苦與以前的享樂同樣沒有出路。」於是他領悟「中間道路」的重要。

佛陀傳道四十餘年，四方遊化，隨緣教化眾生僅在雨季停歇。信徒人數迅速增加，由於佛陀和他的弟子們的「言」，更由於他們的「行」，佛陀的僧團迅速壯大。

佛陀在八十歲時感到圓寂在即，對聚集在他身邊的弟子眾比丘（乞僧）最後一次囑咐，言詞簡單，態度堅決：「比丘們，現在我同你們告別。人的一切要素都是短暫的，認眞修證你們的大自在吧！」這是他的最後遺言，說完漸漸升入涅槃。佛陀的遺體火化，儀式莊嚴。

佛教的教義

佛教的分枝繁蕪，雖然如此，最初佛陀布講的教義是各派的共同根源，似乎不難復原。歸納的結果與口傳是一致的——其主要內容包括四諦、八正道、緣起論和三法印。佛教教義的核心思想是四聖諦中闡述的普遍存在的苦。四聖諦是指苦、集、滅、道：「苦諦」是講世間存在著種種苦的現象；「集諦」是講造成痛苦的各種原因；「滅諦」是講擺脫一切產生苦的方法，達到佛教最後理想的境界；「道諦」是講要實現佛教的最高理想所應遵循的途徑和方法。

佛教徒把四聖諦作爲最珍貴的財富。這是他們的信經，有別於佛陀沒有說過的內容。因此應該把四聖諦看作佛教教義眞正的基礎，也是瞭解佛教教義必然的出發點。對於苦的普遍存在、苦的原因、苦的消滅和滅苦的方法，佛陀是這樣說的：

「比丘們，苦的聖諦是：生是苦。老是苦，病是苦，死是苦，與所怨憎的聚會是苦，與所愛的分離是苦，所求不得是苦，總之，五取蘊（即構成自我的五個要素：色、受、想、行、識）是苦。」

「比丘們，苦因的聖諦是充滿慾樂流轉生死的愛：愛樂受，愛無常。」

「比丘們，滅苦的聖諦是：由消滅貪慾而消滅愛緣，要排除貪慾，棄絕貪慾，擺脫貪慾，使貪慾無立足之地。」

「比丘們，滅苦之道的聖諦是八正道，分別是：正見（指正確的見解）、正思維（指正確的思維）、正語（指正確的語言）、正業（指正確行為）、正命（指符合佛教戒律規定的正當合法的生活）、正精進（指通過正確的努力修煉消滅一切煩惱，達到無憂寂靜）、正念（指正確的思想，銘記四諦等佛教真理）、正定（指正確的修習禪定）。」

這段文字眞正代表佛陀教義的精髓。第一聖諦包括了可以稱爲本體論的內容，因爲它說明了存在的性質；第二及三聖諦展開了存在的各個方面；第四聖諦在指出解脫的方便之路的同時，描繪了一個倫理學的框架。

四諦是佛教教義的根本所在，所有佛教的典籍和思想啓示都出自於四諦。而四諦所依據的基本原理則是緣起論。緣起論是佛教全部宇宙觀和宗教實踐的基礎理論。佛教所謂的緣起，即諸事皆由因緣而起。佛教認爲，一切事物和現象的生起，都存在著相互聯繫、互爲條件的因果關係，這被用來解釋人生痛苦的原因。根據大多數佛教注釋者們的解釋，這是一幅表現前世、今世和來世的三折畫，是包括過去、現在和未來的生命活動的十二個臺階。

一、前世。包括無明和行。無明是整個鏈索的原始因緣。它當然不是指科學上的無知，因爲去知道是什麼規律在本質上支配著非現實的、無常的生活，這非但沒有必要，甚至是有害處的。無明顯然是指對教義的無知，即不知道四聖諦指出的解脫之路。行使羯磨的過程，即決定轉世的超越的行爲。

二、今世。由下列八個因緣組成：「識」是新的人格的精神核心；「名色」就是人本身；「六入」是五個感官加思維；「觸」是接觸外部世界；「受」是接觸的結果；「愛」是性的吸引力；「取」是人一生的努力；最後是「有」，它就是作爲新的轉世的出發點的羯磨。

三、來世。根據冷酷無情的生老死規律重新展開。

緣起論主要用以批判婆羅門教的種姓等級制度，主張眾生平等，提出無常、無我的思想，認爲人生的輪迴都存在著一定的因果關係。無常、無我的思想是佛教對宇宙觀的總體解釋，被稱作「法印」。法印是佛教用來鑒別佛法眞僞的標準。「諸行無常、諸法無我、涅槃寂靜」並稱三法印，其中，涅槃寂靜是佛教弟子追求的最高境界。涅槃是指消滅了生死憂悲的苦惱而得以超脫，也叫圓寂，就是智慧福德都達到了圓滿成就。但涅槃並不等於死去，而是一種不可思議的解脫境界。

概括來說，佛陀的教義有雙重主導思想。一方面，佛陀否認任何神示的眞理，他無視上帝，無視可能反映上帝存在或屬於上帝一部分的靈魂。另一方面，他主張一種故意和自覺的經驗主義。透過四聖諦和十二緣起論，他闡明在生活經驗中的發現——人類命運的悲劇性和對此應負責任的因果鎖鏈。佛陀既不是先知也不是上帝，而是一個人。此人在智力和道德上經過異乎尋常的努力，終於識破人類命運的奧祕。於是他的教義爲人類思想提供了極其堅實的根據。

但是，正如一顆種子在水和熱的作用下會綻開，變成一株與它毫無相似之處的植物，佛陀的原始教義，在未滿足的人類精神對宗教和神祕主義需要的壓力下，派生出各種不同的佛教。它們也只是隱約使人想起無神的、持不可知論的原始佛教，顯示出異常的繁殖力。

佛教的儀式和節日

佛事儀式包括著佛教徒在舉行宗教活動中所採用的種種行法、儀軌和儀制，大致可分爲三類：第一，個人行事。包括個人從吟誦禮贊、三皈五戒到葬儀的種種儀禮。第二，年中行事。包括一年中例行的各種佛事儀式，僧侶所舉行的布薩、傳召以及爲佛教徒祈福、薦亡等所做各種法事。第三，與佛教有關的習俗，如喇嘛教的「跳布紥」（「打鬼」）等等。

佛教徒一生中經歷的重要階段，如出生、剃髮、成人、結婚、喪葬以及僧侶的剃度、灌頂、傳法、涅槃等都必須舉行儀式，有些儀式十分隆重。

一、剃度。這是區別佛教僧侶和俗人的標誌。出家爲僧要經過一定的手續，在東南亞的一些國家裡，當一個人到了剃度年齡（二十歲）並基本符合出家條件者，在出家前一定要到寺院中寄養一段時期，學習受戒知識。在受戒時，由親戚、鄰居簇擁到寺院中去，經由十至二十名僧人組成的僧團嚴加詢問（有無犯罪、欠債和患惡疾），合格後，再落髮剃眉，穿戴袈裟，舉行拴線祝福儀式。在解放前，中國漢族地區受戒時還要在頭頂上烙燒香疤，以示決心，這個習慣在一九八三年已由中國佛教協會決議廢止。

二、葬儀。淵源於古代印度的習俗。相傳釋迦牟尼逝世後實行火葬，其舍利安置在眾多的佛塔之中，這一習俗後來為南北傳佛教所承襲。佛教僧侶逝世後一般實行火葬，其遺骨或骨灰被安置在特定的靈塔或骨灰甕中。西藏的大活佛或大喇嘛死後也有把屍體原封不動地密封在靈塔或骨灰甕中，供後人朝拜。一般喇嘛或佛教徒死後實行天葬或水葬。泰國的喪葬儀式在死時和火葬時分別舉行，一個教徒死後先把屍體用白布包裹，經過一段時間後才火化，在死後的第七天、第五十天和第一百天要舉行祭拜儀式。此後每年的忌日還要為死者舉行祈禱冥福的追薦會並布施。

三、布薩。布薩（佛日，舊譯淨住）的意思是「清淨戒住，常增功德」。佛教徒在每月一日、十五日以及這兩日後的第八日舉行四次布薩儀式，在布薩日中佛教徒要到寺廟中去參拜，遵守「八關齋」（八戒）。僧侶則必須專心修禪，檢查戒律的執行情況，有違戒者要向僧眾懺悔所犯罪過。這種儀式淵源於婆羅門教，在南傳佛教中尤為盛行。

四、傳召。喇嘛教中的傳統法會，分傳大召和傳小召兩種。傳大召意為大祈願會，一般是從藏曆正月初五開始至二十四日結束。在傳召開始時，西藏佛教的首領照例要在大招寺進行講經和主持辯經活動，在辯論經義中選出有學問的喇嘛並授予格西學位。正月十五日晚俗

稱「供燈節」，是夜在拉薩中心市街設置裝飾華麗的祭壇，上置佛像、酥油彩燈和祭品，群眾圍觀歌舞，通宵達旦。二十四日結束時，還要舉行祈願驅鬼儀式。傳小召在藏曆二月間舉行，內容與傳大召相似，但規模較小。

五、水陸道場。亦名水陸法會。這是中國流行的追薦、超渡水陸亡靈的一種盛大佛事儀式，據說在梁武帝時就已開始，在唐代時添入密教內容，宋以後一直很盛行。現行水陸道場設內外壇，內壇懸掛釋迦、彌陀等佛像，陳設香燭供品，由水陸法師主持；外壇設「梁皇懺」、「華嚴」、「淨土」、「施食」等壇。施食壇每晚施放焰口，儀式有結界，立幡，請聖奉浴、供上下堂，請赦、送聖等。全部法事一般以七晝夜爲期，但也有延至四十九天的。

六、放焰口。焰口是古印度傳說中的一種餓鬼名稱，相傳佛陀弟子阿難陀爲了解除餓鬼的痛苦向佛陀請示，佛陀則給予施食經咒和念誦儀軌。放焰口在唐代時就很盛行，其中除了施行密教的咒儀外，還雜有中國傳統對祖靈崇拜的內容。

七、盂蘭盆會。中國和日本等國佛教徒每逢農曆七月十五日爲追薦祖先亡靈而舉行的法會。盂蘭盆是梵文 Ullambana 的音譯，意爲「救倒懸」，即救渡亡靈倒懸之苦。據《盂蘭盆經》說，釋迦牟尼的弟子目犍連之母死後淪爲餓鬼，目犍連求佛陀拯救，釋迦要他在僧眾夏季安

居終了之日（七月十五）供養僧眾，以求解脫。佛教徒根據這種神話興起了盂蘭盆會。中國自梁武帝時設盂蘭盆齋，在盂蘭盆會期間除設齋供僧外，還舉行水陸道場、放焰口等。

八、佛誕節。紀念釋迦牟尼誕生的節日。佛教根據佛陀誕生時有巨龍噴雨浴身的神話，在佛誕日時一般要舉行象徵性的儀式，以香水灌洗佛像，祭拜佛祖，施捨僧眾，以及舉行龍舟競賽或相互潑水祝福活動。佛誕節的日期、名稱在各個地區有所不同。漢族自宋以後一直以農曆四月八日爲浴佛節；藏族以農曆四月八日至十五日爲「薩噶達瓦節」；傣族以清明節後十天爲潑水節，日本自明治維新以後改用西曆四月八日爲佛誕節，也稱花節。

九、成道節。紀念釋迦牟尼成道的節日，於農曆十二月八日舉行，中國佛教徒常以米和果物煮粥供佛，稱「臘八粥」。

十、涅槃節。紀念釋迦牟尼逝世的日子。由於南北傳佛教對佛陀生卒年月說法不同，所以這一節日的時間也不一致。北傳認爲佛陀死於西元前四八五年二月十五日，南傳認爲是西元前五四三年，並以此年作爲佛曆元年。

十一、吠舍佉節。亦稱敬佛節。東南亞一些佛教國家常常把佛陀的誕生、成道和涅槃放在一起紀念，稱吠舍佉節，日期爲西曆五月的月圓日，這個節日是南傳佛教國家全國性的傳統節日，屆時將要舉行大規模的慶祝活動。

除上述節日外，在中國和日本頗爲流行的有觀音誕生、成道節；在泰國有三重寶節（敬佛、敬法、敬僧），在斯里蘭卡有佛牙節等等。很多佛教節日經過長期的流傳，目前已演變爲民間的習俗或全民的節日。如泰國歡度新年的潑水節，中國藏地慶祝豐收的望過節，青海塔爾寺慶祝元宵的燈節等。

佛教的典籍

佛教典籍分成三個「竹篋」（即三藏）。

一、第一個「竹篋」是「律藏」（毗奈耶）。即關於僧人生活的規定。律藏細分爲《解脫戒本經》（即當眾懺悔罪行）、《大會部》和《小會部》（即關於日常生活的規定）、《經分律》（即關於罪過的闡述）、《附隨》（一種教理問答課本）。

二、第二個「竹篋」是佛陀的言教（即經藏）。由下列五部組成：《長部》（即長篇經文集）、《中部》（即中篇經文集）、《相應部》（即雜集）、《增支部》（即按數字分類的集子）、《小部》（較小的集子，共收十五部，其中有彙編佛陀法句的《法句經》）。

三、第三個「竹篋」是闡明佛陀教義的論藏（即阿毗達磨）。共有七部形而上學著作。其中第三部稱《論事》，它列舉小乘各部派相互矛盾的箴言，因而極有意味。

在闡述佛陀原始教義的非教規典籍中應該特別指出《彌蘭陀王問經》（即彌蘭陀的問題）。西元前一二五年至西元前九十五年統治大夏的希臘族國王彌蘭陀對佛教極有好感，因而把一位名叫那先的佛僧請到宮中，問了他許多問題。那先的回答中肯而深刻，終於使國王皈依佛教。這本記述這次談話的著作極可能在西元初成書。

很多人都對佛教的「經」感興趣，下面就介紹幾部重要的大乘經典：《心經》、《金剛經》、《華嚴經》、《法華經》、《涅槃經》、《阿彌陀經》。

一、《心經》。總名是《摩訶般若波羅蜜多心經》，略稱《般若心經》、《心經》，一卷，唐朝玄奘大師譯。

般若波羅蜜多，是梵語的譯音。般若，意譯爲智慧，但是與平常所謂的智慧不同。因爲世智辯聰的智慧是不究竟、不圓滿的，而般若是諸佛之母，是關照的智慧，是出世清淨智慧，在中國無相當的名詞來代替，所以沿用原音。不過在說明其意義時，仍作智慧解。波羅蜜多，意譯爲到彼岸，是說明遠離生死的此岸，到達彼岸，解脫涅槃的方法。也就是本經中「渡一切苦厄」、「能解一切苦」的意義和方法。

心指心臟，是百骸五臟之主，含有精要、心髓等意。此經是佛陀所說，全文二百六十個字，是七百餘卷般若的精要、二十二年般若談的心髓，故以「心」名之。在佛陀四十多年的說法中，般若佔了相當重要的地位，而《般若心經》又是般若教義的樞要。因此，本經攝如來一代時教，爲大藏的總鑰、眾生的指南，是闡述般若眞義的最重要的典籍。

本經也是流傳民間最普遍的一部經，所以凡是祈禱、祝福、追薦，多讀誦此經。由於《心經》弘傳很廣，歷代不衰，影響很大，因此，古今注解也最多。

二、《金剛經》。總名《金剛般若波羅蜜經》，略稱《金剛般若經》、《金剛經》，一卷，以後秦鳩摩羅什大師翻譯的版本最爲普及。

本經在中國是一部很有名的佛教經典，一般人只要提起《金剛經》，就知道佛教，提起佛教就知道有《金剛經》。現在的佛教信徒大都以誦持《金剛經》來祈求消災、增福、增壽，甚至有人往生也誦《金剛經》作爲渡亡之用。本經內容是藉由佛陀與弟子須菩提之間的問答，而闡述一切法無我的道理。全文共有五千餘字，梁昭明太子將其分成三十二部分，其主旨可以用十六個字來概括，即：「無相布施，無我渡生，無住生活，無得而修。」

無相布施，就是布施時沒有能布施的我、受布施的人、所布施的物，當然布施後更不存求報的念頭，這種三輪體空，無相而施的功德，才是最大的功德。無我渡生是指必發無我之大悲心，才能廣度一切眾生。無住生活是指不要執迷五慾六塵的外境，在一切衣食住行的生活上不要貪得。無得才是眞得，無得而修才是眞正證悟而得。我們的自性本來清淨，並不需要有所增加或改變才會光明。因爲自性本來清淨，自性本來光明；我們本來的面目與佛平等，假如有修、有證、有得，就不是本來的面目了。只有無得而得才是眞得，無修而修才是眞修，無證而證才是眞證。

本經末尾有一首相當重要的四句偈：「一切有爲法，如夢幻泡影，如露亦如電，應作如是觀。」這一首四句偈是說要建立六種觀念，認爲世間法如夢，一切都會過去。「如夢幻泡

影，如露亦如電」，佛教講無常，但並不是消極，而是要我們消極中體會另一種積極的精神，體會出世永恆的生命。

三、《華嚴經》。總稱《大方廣佛華嚴經》，略稱《華嚴經》，八十九卷三十九品，唐代實叉難陀譯。

本經是大乘佛法的重要經典之一。中國華嚴宗即是依據本經爲宗旨。大，是包含的意思；方，是軌範的意思；廣，是周遍的意思，也就是總說一心法界的體用，廣大而無邊，稱爲大方廣。佛，是證入大方廣無盡法界者；華，是成就萬德圓備果體的因行譬喻；因此開演因位的萬行，以嚴飾佛果的深義，則稱爲佛華嚴。本經共分七處九會三十九品，其中的《淨行品》是佛教徒實踐清淨生活的指南，是人間佛教的經證。

四、《法華經》。總名《妙法蓮花經》，略稱《法華經》，七卷二十八品，後秦鳩摩羅什譯。

本經是大乘佛教重要經典之一，以全經所說教法甚深微妙，所以稱爲妙法。蓮花是用來比喻稀有無上的妙法，因爲蓮花出汙泥而不染。妙法是本來清淨的，如同出汙泥而不染的蓮花。又蓮花是花與實同時俱有，因此以花果同時的蓮花來譬喻妙法的因果不二。

本經是佛陀晚年在王舍城東北耆闍崛山（靈鷲山）所說，內容共有二十八品。主旨在「開權顯實」，也就是區別小乘而顯示大乘，經過這種區別，最終達到「會三歸一」，即聲聞、緣覺、菩薩三乘歸於一佛乘，調和大小乘的各種說法，以爲一切眾生皆能成佛。

本經是經中之王，在佛教經典中，受持讀誦、書寫之盛，無過此經。本經爲了把握佛陀的眞正精神，於是採用偈頌、譬喻等形式，讚歎永恆的佛陀，說釋迦牟尼成佛以來，壽命無限，現各種化身，以種種方便說微妙法。由於本經行文順暢，辭藻優美，在佛教思想史、文學史上具有不朽的價值，是古來流布最廣的經典。

五、《涅槃經》。又稱《大般涅槃經》、《大涅槃經》，北涼曇無讖譯。

本經是四大部之一，全經旨在說明法身常住、眾生悉有佛性、闡提成佛等教義。共分十三品。綜觀本經，處處在闡明佛身是常住不滅，是永恆存在，是常樂我淨，是大涅槃。

本經的另一個重點是在闡揚一切眾生皆有佛性。一闡提亦能成佛（卷十九《梵行品》說：「一闡提者，不信因果，無有慚愧，不信業報，不見現在及未來世，不親善友，不隨諸佛所說教誡，如是之人，名一闡提。」），而其基本思想是在於認爲佛性常住而一切悉有，從而主張一闡提亦具有佛性，縱然是斷善根，其佛性仍常住不變，最後亦能成佛。

本經是大乘經典中最富有文學色彩的經典。經中處處可見佛陀以巧妙的譬喻說理，不勝枚舉，俯拾可得，是文學創作的最佳題材，深具文學價值。

六、《阿彌陀經》

。是淨土三經之一。後秦三藏法師鳩摩羅什譯。

淨土是指清淨國土、莊嚴淨土。西方淨土思想是依據佛陀在耆闍崛山所說《無量壽經》、王舍所說《觀無量壽經》、祇樹給孤獨園所說《阿彌陀經》等三經而來，因此，以上三經稱爲「淨土三經」。

其中，《無量壽經》又稱《大無量壽經》，詳述阿彌陀佛在因地發願及極樂淨土的莊嚴；《觀無量壽經》是說往生淨土的行業，如觀想阿彌陀佛及觀世音、大勢至二菩薩，並極樂淨土的莊嚴；《阿彌陀經》又稱《小無量壽經》，則略說極樂淨土的莊嚴，引導信眾發願往生阿彌陀佛的西方極樂世界。本經篇幅不長，易於誦持。

佛教的派別

一、大乘佛教。約西元前二世紀至前一世紀，巽家王朝在印度興起，阿育王時代扶植佛教的政策不再繼續，佛教開始朝南方和北方大舉進發——在北方中亞細亞的貴霜王國和印度南方的案達羅王朝以及恆河平原的吠舍里等地，紛紛出現自稱「大乘」、「方廣」、「方等」的佛教流派，逐漸匯流成後人所稱「大乘佛教」。

在佛圓寂後的六百年中，出現了一位叫馬鳴的人，相傳他是協尊者衣缽眞傳的弟子，一生致力於弘揚大乘佛教，教化眾生。著有《大乘起信論》、《佛所行贊》等。大乘佛教在印度主要是空宗和瑜伽行派，其中不斷有大師級人物出現。

中觀派大概在二世紀才開始形成，創始人是龍樹，經堤婆、羅厳羅跋陀羅傳至佛護和清辨時，因對中觀的理論有不同的解釋，分爲自續派和應成派。中觀派發揮了般若經中的思想，認爲修持最高的境界是空，空是「不可描述的存在」，世界上的一切現象都是一種相對的依存關係（緣合）和一種假借的概念或名相（假名），它本身沒有實體（無自性）。對於眞正的佛教徒應該證悟上述空性的「眞諦」，但是對於被無知（無明）覆蓋的凡夫仍應導以「俗諦」，即承認世界相對存在的眞理。

瑜伽行派興起於四至五世紀間，因強調瑜伽的修行方法並以瑜伽行總括全部佛教教義而得名，該派的理論奠基人是無著和世親，主要經論是《解深密經》、《瑜伽地論》、《唯識二十論》、《成唯識論》等。世親的繼承者有親勝和火辨兩家，較親勝稍後並發揮親勝學說的有德慧和安慧，以上稱爲無相唯識派；世親的另一繼承者是陳那，他是後期瑜伽行派的先驅。陳那的後繼者有護法和法稱，護法發展了世親和陳那的唯識學說，法稱發揮了陳那的因明學說。

瑜伽行派認爲人所認識的一切現象都是由人們的認識主體即「識」所變現出來的，提出「萬法唯識」、「三界唯心」。他們把識分爲三類八識，而把第八識即阿賴耶識（藏識）看作是現象世界（現行）的根源（種子），個人所認識的一切現象都是由阿賴耶識所派生的（種子生現行），所以名之爲「所知依」。他們又把一切存在現象分爲「五位百法」，另外還闡揚五種姓說，認爲有一種「無種姓」的人，畢竟不能成佛。

大乘經典數量極多，在小乘把大乘當作異端外道或者婆羅門教的時候，大乘卻尊小乘爲佛說，力圖包容小乘。一時間，大乘雄風勃興，普被一切；發菩提心超過了發出世心，成佛超越了作羅漢，入世普度眾生勝過出世獨善其身。

二、小乘。小乘佛教是大乘佛教出現後對以前的原始佛教和部派佛教及其學說的泛稱。小乘佛教奉釋迦牟尼爲教主，認爲世界上只能有一個佛，即釋迦牟尼，不能同時有兩個佛。信仰者通過修行可以達到阿羅漢果，但是不能成佛。再則，小乘佛教以追求個人的自我解脫爲主，和大乘佛教的普渡眾生截然不同。此外，小乘佛教和大乘佛教在對修行者自身的認識上也有很大的差別。小乘佛教又分爲說一切有部、正量部、經量、大眾部等派別。後來，隨著密教和印度教的興起，小乘佛教在印度逐漸衰落。

三、密教。六至七世紀，印度教在當時的社會和文化生活中逐漸取得了佔優勢的地位，從玄奘的記述中可知當時對濕婆、毗濕奴、梵天的崇拜極爲盛行。八至九世紀間商羯羅創新吠檀多派，使印度教在理論上得到重大發展而空前盛行。佛教在這種社會潮流影響下開始吸收印度教和民間信仰而逐步密教化，在南印度和德干高原以及東印度出現了金剛乘和易行乘等。前一個時期的顯教中觀派和瑜伽行派逐漸融合起來，作爲密教的世界觀而繼續存在。大乘佛教的盛世之後，印度佛教就逐步向密教的方向發展了。

密教出現後，席捲整個印度和周圍佛教地區，大有取代或者完全滲透大乘之勢；其時也正是婆羅門印度教的復興期和佛教的衰落期，密教大量吸收婆羅門印度教以及其他民間信仰

的營養，一方面有利於求得自身的發展和立足之地，另一方面也逐漸混同於其他信仰，從而導致了自身和整個印度佛教的衰落。

佛教的傳播與發展

一、佛教在印度。佛教的第三次結集是最重要的一次結集，因爲它最終確定了佛教法規。這次結集由阿育王召集，因此可以把阿育王看作是佛教的君士坦丁大帝。在他的統治期間，新的教義得以在印度大陸傳播。

阿育王是旃陀羅笈多之孫，旃陀羅笈多在亞歷山大侵犯五河之後建立了橫跨恆河河谷和印度河河谷的孔雀帝國。阿育王之父賓頭沙羅把帝國的疆域擴展到印度南部。阿育王起初以尤水爲榜樣從事征戰。但是他在征服羯陵伽國（位於印度東海岸）的戰爭中目睹戰爭的慘狀，產生悔悟，從此痛恨暴力，爲佛教的溫和慈悲所吸引。於是，阿育王畢生宣傳佛陀的教義，使他的臣民接受釋迦牟尼的大慈大悲。

他詔告天下：「面目令人敬愛的國王，諸神保佑的國王征服了地域廣大的羯陵伽國，數十萬人被劫持，數十萬人遭打擊，死亡人數不相上下。諸神保佑的國王爲征服羯陵伽國感到萬分悔恨，在取得羯陵伽國之後立即皈依佛法，虔信佛法，一心弘揚佛法。」

阿育王決心使佛法在他的王國佔統治地位，命人在全國各地銘刻飽含佛教道德的法誥。這些石刻法誥在印度歷史上具有重大意義，因爲一方面這些法誥是印度最早的碑銘遺跡，對於研究印度歷史具有無法估量的價值，另一方面，這些法誥是現存最早的佛教文獻，其精神之高尚、立意之高明，在後世的文章中是極少見的。

阿育王並不滿足於吸引臣民接受新的教義，而且向鄰國派遣佛教傳教師。傳教活動圓滿成功，錫蘭和緬甸皈依佛教。佛教思想極有可能傳到地中海沿岸的希臘族諸王國，以及敘利亞、埃及，甚至馬其頓。由於阿育王的傳教活動，佛教開始加入世界性宗教的行列。

佛教的發展從此勢不可擋，在印度西北部和喀什米爾尤爲可觀，甚至在人們認爲是婆羅門教聖地的阿富汗也有發展。

阿育王死後不久，孔雀帝國也滅亡了。印度西北部重新落入希臘族征服者手中。於是佛教與古希臘文化密切接觸，新的力量注入佛陀的教義，產生一種希臘式佛教藝術，更有利於佛陀教義的傳播。後來，斯基泰人入侵印度這些地區，希臘人的統治遂告結束。不過，新的統治者也接受了希臘式的佛教文明。建都白沙瓦的貴霜月氏王朝對佛教教義不無好感，尤其是該王朝最偉大的國王迦膩色迦對佛僧關懷備至，尊崇佛教詩人和思想家馬鳴爲神師，召集第四次結集，歸納出大乘教義。

西元初年的印度佛教史，苦於無詳細軌跡可循，因爲印度方面幾乎毫無文獻記載。幸而有當年赴佛陀故國瞻禮聖地、搜集佛經佛骨的中國朝聖者們留下的遊記。西元四百年前後赴印度的法顯目睹佛教之興盛而讚歎不已，看來印度佛教的鼎盛時期定在西元五世紀前後爲宜。當時佛教在印度大陸廣泛傳播，但是未能擠垮其他兩個宗教——耆那教和印度教。玄奘於西元六三〇年前後到達印度，受到熱心護持佛教的戒日王盛情款待。但是，在那個時代佛法已受到婆羅門的攻擊，婆羅門認爲佛教是異端，應予以剷除，戒日王本人也不得不對付婆羅門的陰謀。還有事隔五十年後赴印度的義淨，他記錄了佛教衰落的種種跡象。婆羅門教於八世紀開始進行反改革，於是更加速了佛教的衰亡。

西元九世紀以後，佛教僅在奉爲國教的地區，即誕生地比哈爾邦省以及孟加拉，得以維持。波羅王朝對佛教的信仰始終不渝，還在恆河邊設立著名的佛教學府超戒寺。超戒寺的佛教教學誠然是密宗形式，但是對以後西藏的宗教傾向發揮了決定性作用。最終給佛教致命打擊的是穆斯林的入侵。西元一一九三年，伊赫梯亞爾丁·穆罕默德攻佔比哈爾邦省的首府，毀壞寺院、殺戮佛僧。於是，在印度延續了十五個世紀之久的佛教終告寂滅。

在現代，印度佛教徒的人數極其有限。根據一九七三年的人口統計，數萬萬印度居民中，佛教徒僅爲三百八十萬，佔百分之零點九。大部分佛教徒居住在北孟加拉邦，那裡受西藏的影響，佛教得以維持。此外在阿薩姆邦還有一些佛教徒，其中大多爲緬甸裔；其餘則是在僧伽羅僧伽派大力展開傳教活動中皈依佛門的新教徒。

二、佛教在錫蘭。錫蘭（今斯里蘭卡）皈依佛教是阿育王弘法的結果。當時阿育王派兒子（或兄弟）摩哂陀在帝沙國王處傳教，結果國王和全國人民均接受三藏的資訊。兩千多年來，錫蘭始終是最活躍的佛教中心。僧伽羅族的僧人刊出巴厘文的經典，繼而先後刊出僧伽羅文和巴厘文的解釋。壯觀的寺院說明獅子島居民們的虔誠。其中最著名的爲佛牙寺，寺中有一個古老的大理石亭子，亭內供奉著一枚神聖的黃色佛牙，珍藏在錦匣內。

三、佛教在緬甸。把佛教傳入緬甸的也是阿育王的弘法師們。佛教在蒲甘王朝阿奴律陀國王在位時（西元十一世紀）成爲國教。阿奴律陀知道勃固城的孟族國王手中有佛經和聖物，要求一看，遭到拒絕，於是阿奴律陀發兵征服，把孟族國王、佛經、聖物和眾多僧人一併帶回蒲甘。

今天，佛教依然滲透在緬甸人的生活之中。每個在家信徒必須在成年前進寺院修習一段時期。仰光被稱爲「千佛之城」，名副其實。緬甸首都寺院不勝枚舉，其中最著名的是世界上最美麗的瑞德光塔，人們對這個佛塔崇敬有加。據說塔內珍藏四佛的聖物，有喬答摩的頭髮和喬答摩之前三佛的缽、袈裟和錫杖。

四、佛教在泰國。泰國進入歷史（西元十三世紀前後）以來便信奉佛教。佛教教義極可能從緬甸傳入泰國。泰國佛教包含諸多迷信成分和民間信仰，但是它是泰國國教，得宮廷扶助，故而顯得格外耀眼。

五、佛教在柬埔寨。高棉人的國家柬埔寨在西元初年便接觸印度文化。印度教和大乘佛教在柬埔寨並存近十個世紀。十四世紀時，受泰國影響，小乘佛教佔優勢，至今仍是柬埔寨唯一的宗教。

高棉文化對佛教造像產生過決定性影響。十二世紀前後，高棉的雕塑藝術進入鼎盛時期，爲這位識破塵世幻象、享受涅槃無上幸福的佛陀，創造了一個高深莫測的含笑形象。今日吳哥城中心的巴揚廟就是那個時期的建築，上部雕有面向四方的大乘最著名的菩薩觀世音頭像，含笑慈祥。

六、藏傳佛教。藏傳佛教又叫喇嘛教，十世紀後半期形成，根據傳說，佛教在藏王松贊干布在位時（西元七世紀）傳入西藏。松贊干布娶兩位信仰佛教的公主爲妻，一位是尼泊爾公主，一位是中國公主。受兩位公主影響，佛教在宮廷內得以傳播。

但是，把佛法傳給百姓的是印度僧人。西元七百五十年前後，密教大師蓮花生帶著密乘的資訊來到白雪之國。他的教法成爲古老的喇嘛紅教的理論基礎，今天，紅教依然把蓮花生奉若神明。西元一〇五〇年前後，沒落的印度佛教的最後一個中心超戒寺學府派出一位大師赴西藏。此人便是著名的阿底峽，帶來神祕的時輪理論。佛教勢力日益壯大，政權也轉入僧人手中。因爲紅教信徒容許結婚——這和佛陀原始教義完全背道而馳——政權可以父子相傳，於是更加方便。

西藏的寺院生活日漸偏離戒規，十四世紀時宗喀巴（意即蔥穀人，後來塔爾寺便建於蔥穀）進行了一次有力的改革。宗喀巴創立黃教，黃教與紅教不同，禁止結婚。宗喀巴的行動引起極大的影響，藏人尊奉他爲最偉大的宗師。後來，黃教終於完全淘汰對手紅教。今天西藏還有若干紅帽喇嘛，但是他們僅充當巫師的角色而已。

黃教的影響日漸擴大到西藏境外。曾經被紅教征服的蒙古人於十六世紀中葉也脫離紅教加入黃教，從此忠於黃教直到二十世紀。一九二四年，烏爾加（即烏蘭巴托）「活佛」逝世後無人接任。從此，蒙古喇嘛教的衰落看來不可逆轉。藏傳佛教自十四世紀改革之後，至今未有變化，只是在表面形式上更爲華麗莊嚴。宗喀巴之後，教會的努力僅限於建立嚴格的等級制度，加強寺院組織，豐富禮拜儀式。

佛教在西藏採取的特殊形式稱喇嘛教。起初，「喇嘛」是對高僧的尊稱，但是今天每個西藏僧人都稱「喇嘛」。喇嘛教就是在西藏通過僧人實行的神權政治，一個嚴格的等級制度把宗教領袖們等同於大乘建立的諸佛菩薩們的地位。西藏教會以兩位大喇嘛爲首，其中一位自一五七五年以來稱達賴喇嘛（即廣深如海的喇嘛），他是著名的觀世音的化身；另一位是班禪喇嘛（即珍寶喇嘛），他是可敬的阿彌陀佛的化身。達賴喇嘛住在首府拉薩的布達拉宮，行使政權。班禪喇嘛駐紮什倫布寺，發揚教權的光芒。

喇嘛教雖然是典型的西藏現象，也少不得向外弘揚。尤其是趁蒙古族入侵中國和西藏之便，利用成吉思汗及其繼承者們（尤其是孫子忽必烈）對佛教頗有好感，藏傳佛教於十三世紀在蒙古得以傳播，烏爾加的寺院和「活佛」的住處成爲喇嘛教的聖地。但是蒙古王朝於一三三八年被明初農民起義趕出中國後，喇嘛教已經式微。喇嘛教在中國的影響雖然被大乘覆蓋，但是它的影響尚能感覺到。北京著名的雍和宮俗稱喇嘛廟，它建於十八世紀滿清王朝統治時期，供喇嘛教使用。

七、佛教在日本

使日本知道中國佛教的是朝鮮。西元五五二年，朝鮮東南部百濟國國王託他派往日本的使臣帶去佛像和佛經。從六世紀開始，佛教與中國文化同時在天皇宮廷和社會上層傳播。推古時期（以對佛教很重視的推古女天皇的名字命名，西元五九三年至六二九年）的日本藝術深受中國北魏藝術影響，說明佛教已迅速佔據日本人的思想。

幾個世紀中，佛教不斷繁盛，逐步深入日本各階層。自十七世紀起，重振天皇權勢的想法與復興眞正日本宗教神道教的想法逐漸相連。西元一八六八年，明治天皇成功地重掌幾個世紀以來爲封建幕府所削弱的極權，他認爲有必要頒布一系列天皇詔書，廢除佛教寺院叢林，宣布神道教爲國教。此舉是一個錯誤。因而，不到二十年之後，天皇便放棄該項政策。

一八八四年起神道教不再是國教，一八八九年各種宗教信仰恢復自由。從此，神道教和佛教重新結下百年之合——神道教宣揚的崇拜天皇、崇拜祖先和崇拜民族，反而成爲佛教的組成部分。佛教在日本經受的考驗絲毫未減弱它的吸引力。

今天，佛教是日本眞正的國教。根據一九五〇年普查，日本擁有三千七百萬妙法的信徒和一萬零六百多所佛教寺院。

一如中國佛教再現大乘佛教的諸派分裂，在日本，這個從中國進口的佛教，按照中國當時已有的宗派也分成許多派別。這些日本宗派有一個共同的特點，即民族意識和愛國心十分強烈。各派按各自誕生時的首都名作時序歸類，共有三個時期：奈良（710—794年）、平安（今京都；西元794—1192年）和鎌倉（1192—1603年）。

奈良時期誕生的宗派雖然繁榮了許多世紀，今天已幾乎不復存在，它們是按中國律宗五支的形式組成的。平安時期，僧人最澄大師和空海大師分別創建天臺宗和眞言宗。他們效法中國密宗，把重心放在由密教引入晚期佛教的巫術和祕傳成分上。最重要的宗派產生在鎌倉時期，榮西妙安（西元1141—1215年）實地學習菩提達摩引入中國的禪宗之後，創立日本禪宗，主要在武士階層吸收信徒。禪宗要求精神訓練，靜慮達到思想集中，於是禪宗成爲有武士精

神的宗派。日本武士階層久經考驗的品質很大程度來自這種武士精神。藐視死亡是日本武士道的標誌，它的基礎是佛教的轉世理論。

同一時期還形成兩個推崇阿彌陀佛的恩寵、弘揚佛法的宗派。倘若希望進入阿彌陀的極樂世界，不必專事行善禁慾，而要向這個賴以獲救的唯一神明敬獻神祕的愛心。法然和尙（1133—1212年）創立淨土宗，其弟子親鸞創立淨土眞宗。這兩個吸引當今大部分日本佛教徒的宗派的理論，稱爲阿彌陀主義。

禪宗的理性主義和阿彌陀派的寂靜主義被改革者日蓮（1222—1282年）創立的宗派所揚棄。日蓮以頌揚釋迦牟尼佛無上莊嚴的《妙法蓮華經》爲依據，只相信釋迦牟尼佛的威力，認爲宜尋求和永恆的佛陀合一，必須念誦包含這種追求的神聖詞句「南無妙法蓮華經」（即歸敬妙法蓮華經），至於其含義則不必明瞭。這種明顯帶有密教傾向的理論尤其在文盲中流傳。

日本的現代化並未妨礙佛教，反而復興了對佛教的熱忱和傳教活動。日本佛教徒以歐洲的批判精神爲武器，同時由於政治上的成功更認爲日本人負有重大的教化使命。他們努力鑽研梵文經典，並在遠東各國乃至更遠的地方傳播他們的信仰。根據一九三〇年的官方統計，在日本的移民地共有五百三十五名日本和尙，在中國有一百四十七名，在大洋洲有八名，在

夏威夷群島有一百一十一名，在美國有三十三名。一九三五年友松遠泰和尚建立一個國際佛教協會，它在許多國家設有分支機構。同時，日本佛教力圖適應現代哲學理論和科學理論，聲稱這些理論與它的思想相成不悖。日本佛教大量的傳教活動使它不僅在太平洋沿岸，而且在美國乃至歐洲立足，由日本師傳傳授的「禪」日趨流行。

八、佛教和西方。佛教在遠東各國頗受歡迎，但是一旦轉向地中海世界便遇到幾乎無法逾越的障礙。這個具有超民族價値和滲透力的宗教有理由被稱爲萬國宗教，但是在它傳播的時候，限制它擴張的原因是存在一道密封的屏障，把西方世界和東方世界隔離開來。其實屏障並不存在。倘若僅考慮地理和歷史條件，佛教朝古希臘世界發展似乎比朝中國發展更爲容易，因爲進入中國之路受喜馬拉雅山和廣袤沙漠的阻隔。自從亞歷山大遠征到達旁遮普之後，印度和西方世界建立了各種性質的接觸。因而，人們不能不看到，遠在基督教佔據歐洲人的思想之前，東方思想和西方思想之間就存在很深的不相容性。

但是，佛教曾做過一些滲透的嘗試。西元前三世紀初，虔誠的阿育王努力把傳播佛教的活動擴大到敘利亞、埃及、昔勒尼甚至馬其頓的希臘族諸王國。即使他在著名的阿育王石刻銘文中標榜自己在這些遙遠的國家「佛法征服」的成績，他的傳教活動在這方面似乎未獲成

功。儘管如此，從那個時代起，在信佛的印度和希臘羅馬世界之間，可能有過一股難以察覺、無法控制的思想暗流。至少，西爾萬·萊維似乎持這個觀點，他說，匿名的傳道宣揚的或暗中灌輸的佛教道德一直滲入埃及和被人忽視的地區。後來，在那些地方出現一個註定要征服世界的童年耶穌。全世界似乎在佛陀的關懷下齊心協力從事拯救靈魂的事業。

若干「比較」印度學家認爲還可以走得更遠。他們在《福音書》裡面發現有佛教的影響，例如據他們說，在《馬可福音》和《約翰福音》裡有受佛教影響的語句。這種論斷免不了激起天主教會的捍衛者強烈的抗議。不管怎麼說，即使有幾處相似、幾處巧合，誠可令人信以爲然，但是，只要沒有確鑿證據證明佛教在《福音書》成書的時候已經到達巴勒斯坦，這些情形無疑是缺乏根據的。

西元初兩個世紀，在亞歷山大有一批爲數眾多且活躍的印度僑民，他們的影響在新柏拉圖主義各支都有所反映。尤其是柏羅丁的一支，它重新提出了婆羅門教的宇宙靈魂和個體靈魂同一的思想。至於眞正的佛教思想，似乎未能發現痕跡。

羅馬帝國的崩潰和基督教的勝利在印度和歐洲之間開鑿了一條歷史和意識形態的鴻溝，阻斷雙方的任何接觸，直至發現通往東印度的海路（西元一四九八年）為止。不過，我們也注意到，歷史有時候會為我們保留一些有趣的意外。佛陀用約瑟法（從「菩薩」衍化而成）的名字擠入天主教會的聖徒行列。約瑟法是一個印度國王的兒子，在一段與眞佛陀相似的經歷之後皈依了基督教。

直到十九世紀，佛教藉助「東方復興」的潮流方始眞正引起歐洲人的注意，而且歐洲人對佛教的興趣之大遠遠超過對印度其他宗教的興趣。這個現象出人意外，而且原因多種多樣，其中有的甚至相互矛盾。有人欣賞佛教的實證特點，有人則欣賞它的玄奧。不過，引起人們種種想像的則是佛教固有的悲觀主義。

佛教對十九世紀歐洲哲學的影響，最重要的例子無疑是叔本華提供給我們的。叔本華的名著《作為意志和表像的世界》記錄了佛陀囑咐弟子們為求解脫而必須走的道路。在叔本華看來，痛苦的根源是意志，是生存慾。人只有「自覺消除意願」方能達到「死亡中的無窮至福」。這當然不是佛教和現代哲學的偶然巧遇。叔本華確實承認自己既得益於印度思想，又得益於柏拉圖、康德的思想，而且預言印度思想對西方世界的影響，將使「我們的科學和思

想發生根本的變化」。佛教主要通過叔本華的悲觀主義爲媒介滲入現代思想。它的影響既在叔本華哲學的熱情贊同者（如理查·瓦格納），也在極力反對者（如尼采）的身上展現出來。

二十世紀歐洲思想界對佛教的興趣並未減弱，但是東西方思想的對照發生在另一個層面上。問題不再是對比悲觀的生活觀和樂觀的生活觀，而是西方的物質豐富、精神貧乏的文明，和外觀落後而充滿深刻的靈性的東方文明作對比。

一九四〇年的災難發生後不久，〈南方手冊〉出版了一期名爲「印度的現實資訊」的著名專號。這個專號肯定各種價值悉數崩潰在法國引起的憂慮。讀者在該書引言第一段就可讀到如下斷言：「每當歐洲思想遇到矛盾難解難分並產生科學會把它引向何方的疑問時，它便會轉向印度，轉向這個神話和精神學科之母。」

在此之前，一九一四年至一九一八年的大戰使西方文明徹底破產，不久後人們對印度思想也是如此迷戀。但是，隨著兩次大戰之間歐洲逐漸恢復平衡，這種對東方過分的好感便遇到越來越強烈的抵制。P·阿洛所著帶有諷刺意味的文章《歐洲的創口和恆河的藥膏》就試圖駁斥所謂東方思想的優越性，爲西方辯護。

第二次世界大戰以來，佛教的「禪」在西方引起很大的興趣。但是，這個首先是道德的學科往往被降爲一種目的並不明確的體格和心理的訓練。最後，以一位印度哲人的話來結束佛教和西方的關係的闡述。這位哲人在確定印度思想和反映印度思想最爲得力的佛教未來在西方可能發揮的作用時說：「外部生活的組織日趨完善，使人擺脫物質上的瑣事，以便更好地致力於更集中的智力和精神生活。於是，印度就能發揮作用了，因爲在它睡意未消而依然麻木的手裡握著打開重大祕密、揭示生活眞諦的鑰匙。」

九、佛教在中國。有史料記載，佛教傳入中國的準確時間是東漢初年的六十五年，漢明帝遣使到西域取回《四十二章經》爲佛法傳入中國之始。中國現存最古老的寺院白馬寺，就修建於東漢時期，是爲紀念白馬馱經而建。

佛教傳入中國以後，與中國傳統文化相結合，從而形成具有民族特色的各種學派和宗派。東漢和三國時期，大量佛經傳入中國，佛教在大範圍內傳播開來。到南北朝時，因當時的統治者重視佛教的發展，佛教在中國出現了空前的繁榮，雲岡石窟、龍門石窟、敦煌莫高窟等都是那個時期所建，舉世聞名的少林寺也是那個時期所建。據統計，南北朝時全國最多有寺廟四萬餘座，僧尼四百多萬人。

關於佛教史上的種種事件，我們可以說佛教的命運受某種交替規律所制約，這種有意普救眾生的教義，每當中國在異族王朝統治之下，便受到政府的庇護；相反地，在本族王朝執政時，朝廷便要抵制各種外來影響，佛教當然也在其中，於是佛教便衰落。

雖然佛教早在漢代就有首批信徒，但是它在中國紮根則仰仗西元三世紀至六世紀統治中國北部的韃靼族國王們的恩惠。西元三三五年前後，首批中國臣民被恩准出家遵循佛陀制訂的清規。西元四二五年後，入侵的拓跋氏皈依佛教。於是，一種叫做北魏藝術（以執政王朝名命名）的佛教藝術蓬勃發展，製作之精美、態度之虔誠，均屬罕見。

佛教在唐代繼續昌盛。但是儒家方面開始抵制，西元八四四年在唐武宗治下終於導致首次粗暴的迫害，而且是外來各教全部遭受迫害。當時已經進入中國的摩尼教和襖教遭受這場風暴打擊，從此永遠消失了。而佛教更堅強、植根更深，經受這場考驗仍得以生存。

宋王朝對佛教很優待。西元一〇一九年，眞宗皇帝給予佛教和道教充分自由。中國佛教法規也在這個時期初版問世。中國佛教法規是從梵文法規和巴厘文法規選編彙集而成。

蒙古王公統治時期是佛教第二個昌盛時期。成吉思汗（1162—1227年）求助於佛教文人學問，使蒙古諸部落走出野蠻狀態。他的孫子忽必烈完成征服中國大業，繼續實施並加強祖父開創的宗教政策。蒙古人被逐出中國之後，明朝對外來宗教（尤其是佛教）強烈對抗。儒家東山再起，於是爲統治階級所拋棄的佛教地位一落千丈，從忽必烈統治時期達到的頂峰落到只爲目不識丁的迷信百姓所信奉。

二十世紀前半葉，佛教似乎有過兩次機會，但是均希望落空。爲了與知識階層開始迷戀的共產主義進行抗爭，年輕的中華民國力圖復興佛教，驅除使佛教窒息的迷信。日本佔領軍爲了利用佛教宣傳大東亞的思想，也試圖復興和改造佛教，但未獲得多大效果。現在的共產主義制度不採取任何措施阻止中國佛教退化，其原因容易理解，當然中國佛教的退化也是無可挽回的。

基督教

基督教

基督教與佛教、伊斯蘭教並稱為世界三大宗教。基督教作為社會上層的精神支柱，已滲入到人類社會的每一個角落，到處留下了自己的印記，並深深地影響著世界廣大地區的歷史發展與文化進程。

耶穌的死亡及隨後的復活，象徵善良戰勝邪惡，這正是基督教的根基。與其他宗教迥然不同，基督教的宗旨在於救世主彌賽亞所承受的苦難，以及與苦難相交織的神祕的象徵意義。在二十一世紀的今天，基督教不僅支配著全世界近十六億基督徒的精神生活，並在不同程度上影響著廣大非基督徒的社會生活。

基督教的起源

基督教於西元一世紀中葉，產生於地中海沿岸的巴勒斯坦，西元一三五年從猶太教中分裂出來成爲獨立的宗教。

基督教的創始人是耶穌。他出生在巴勒斯坦北部加利利的拿撒勒，母親名叫馬利亞，父親叫約瑟。據說，馬利亞未被迎娶前，聖靈降臨在她身上，使她懷孕。約瑟一度想休了馬利亞，但受了天使的指示，仍把她娶了過來。耶穌三十歲時受了約翰的洗禮，又在曠野中經受了魔鬼撒旦的誘惑，這一切堅定了他對上帝的信念。此後，耶穌就率領彼得、約翰等門徒四處宣傳福音。耶穌的傳道引起了猶太貴族和祭司的恐慌，於是他們收買了耶穌的門徒猶大，把耶穌釘死在十字架上。但三天以後，耶穌復活，向門徒和群眾顯現神蹟，要求他們到天下宣講福音。

在耶穌誕生之前的在西元一世紀，羅馬皇帝奧古斯都征服了地中海沿岸歐洲、西亞和北非的大部分地區，建立了龐大統一的羅馬帝國。但這個帝國即使在其鼎盛時期，也絕不是名副其實的「太平盛世」，因爲在這個帝國內，羅馬統治當局和外地行省統治階級與被統治階

級之間、羅馬人和其他氏族之間的衝突，十分尖銳，奴隸起義和民族起義此起彼伏，連綿不斷，終於使這個龐大帝國陷入岌岌可危的境地。

當時的巴勒斯坦地區，歷史上經歷了兵燹劫掠的遭遇。從西元前二十世紀，就先後遭受亞摩利人、喜克索人和埃及人的佔領、蹂躪。西元前十五世紀，希伯來人（原意是「從大河那邊過來的人」，後來指以色列人，即現在通稱的猶太民族）開始進入這塊「迦南美地」，並和迦南土著、腓尼基人打了一場曠日持久的戰爭。西元前十三世紀，埃及人重新征服了這一地區，但其統治後來又被北方來的一個新民族非利士人所推翻，埃及帝國旋即滅亡。西元前八世紀起，亞述、巴比倫、波斯人相繼入主迦南，使當地猶太民族一次一次地遭到打擊和壓迫。到西元前三世紀，這一地區又經希臘帝國的統治。在西元前一世紀時，羅馬帝國將它納爲統治之下。

猶太人對這麼長時間的異族統治，進行了連續不斷的起義和反抗。例如西元六十六年，羅馬總督野蠻地劫掠猶太人奉爲神聖的耶路撒冷神殿及其寶庫，遭到了猶太人的起義反抗，堅持達四年之久。西元七〇年羅馬統治者對耶路撒冷的起義者和居民進行了血腥的報復和鎮壓。居民被賣爲奴隸的達七萬人之多。有些民族領袖由於鬥爭失敗感到無能爲力，就把希望寄託於宗教，盼望救世主降臨來拯救自己。這種盼望清楚地記載在猶太民族的宗教經典——律法書和先知書中。

巴勒斯坦的猶太人在反抗羅馬的外來統治中，由於經濟、社會地位以及對羅馬統治者的政治態度不同而逐漸形成了幾個宗教政治集團，其中最重要的有：

一、**撒都該派**。由祭司、貴族和富商組成，遵奉《律法書》，但屈從於羅馬的統治。

二、**法利賽派**。由文士和律法師爲主體而組成，遵奉成文律法和口傳律法，以嚴守猶太教傳統相標榜，強調與異教、異族隔離，對羅馬既不明顯合作又不公然對抗。

三、**奮銳黨**。亦譯吉拉德派或狂熱派，由下層反抗份子組成，反對外族侵略者和依附他們的猶太當權者。

四、**艾賽尼派**。亦譯「敬虔派」，曾積極參加反羅馬鬥爭，組成患難相助、有無相通的共同生活社團，嚴守教規，寄望彌賽亞來臨以解脫塵世苦難。

據《聖經》記載，耶穌對撒都該和法利賽派持嚴厲的批判態度。耶穌的十二個門徒中有一人屬奮銳黨，現代不少學者透過對《死海古卷》的研究，認爲原始基督教的部分信徒和艾賽尼派的「庫姆蘭社團」極爲相似，基督教可能脫胎於艾賽尼派。

猶太人作爲東方的一個民族，具有東方人的心理和文化特點，所以基督教創始時也帶有鮮明的東方色彩。以猶太民族爲主體，基督教自然還吸收了東方一些其他民族的思想、習俗和文化。

猶太民族長期遭受異族統治，並和異民族雜居在一起，很自然地要接觸許多外來文化，通過這種接觸和交流，促使猶太教的一神論、末世論、魔鬼論等宗教信仰日益發展，這些信仰後來明顯地反映在基督教的教義和崇拜儀式中。

因此，我們不妨可以這樣說，如果在基督教的起源和最初形成期中，不是已經有西方和東方、希臘羅馬精神和猶太精神共同參與其中，基督教就絕不會成爲西方和東方的共同宗教，特別是後來成了西方特有的宗教。

羅馬人注重實際的性格以及他們的法制觀念、權利和義務思想，對基督教倫理的發展、教會體制的形成，都有深遠的影響。當時羅馬帝國形成了以西塞羅爲代表的折衷主義思潮，初期教會不僅嚮往彼岸世界和來生的福樂，也注意此岸世界的行爲和今生的遭遇。

基督教既繼承猶太教傳統中某些合理部分，並吸收其他外來文化中的因素，在世界的環境中加強了世界化的傾向。這些都得歸功於羅馬文化的貢獻，如一位學者所言：「那時的世界，政治是羅馬的，文化是希臘的，社會是異教的，宗教是希臘化東方的。」

基督教的教義

基督教的教義比較複雜，各教派強調的重點也不同，但基本信仰還是得到各教派公認的。基督教的教義可歸納爲兩個字「博愛」。在耶穌眼裡，博愛分爲兩個方面——愛上帝和愛人如己。耶穌曾經說過：

你要盡心、盡性、盡意的愛主你的上帝，這是誡命中的第一，且是最大的。其次也相仿，就是要愛人如己。這兩條誡命是律法和先知一切道理的總綱。

在基督教的教義中，愛上帝是指在宗教生活方面要全心全意的事奉上帝。基督教是嚴格的一神教，只承認上帝耶和華是最高的神，反對多神崇拜和偶像崇拜，也反對宗教生活上的繁文縟節。「愛人如己」是基督徒日常生活的基本準則，它的要求是：人應該自我完善，應該嚴於律己，寬以待人，應該忍耐、寬恕，要愛仇敵。

基督教神學則是信仰內容的系統化研究和理論化說明，其主體是「教義神學」（又稱「系統神學」），即對基督教各項基本教義所作的理論性闡述。此外，基督教神學還包括神修神學、禮文學、「道德神學」（又稱「基督教倫理學」）等方面的內容。基督教神學的前提是上帝存在及上帝可以被人認識。教義神學的如下課題，也就是基督教神學的基本課題，即：

一、上帝論。對上帝的「存在」和「屬性」的論證和闡述。上帝論包括：上帝的存在（本體論論證、宇宙論論證、目的論的論證，或稱宇宙設計論論證、道德論論證等）。上帝的屬性；三一論（認為上帝既是一神，又包括聖父、聖子、聖靈三個「位格」）；上帝的創造和管理。

二、基督論。闡述上帝如何通過基督的道成肉身，以神、人兩性向世人啓示其本性和成全救世的旨意。

三、救贖論。討論基督如何完成拯救世人的使命問題。歷史上的救贖論主要有下列幾種：贖金說；勝魔說；滿足或補償說；道德感化說。

四、聖靈論。基督教認爲聖靈的工作是使人「知罪」、「悔改」、「成聖」。

五、人性論。近代較受重視。人類墮落後，人本有的「上帝的形象」究竟有何改變，在神學上向來是見智見仁。阿奎那將人性分爲「上帝的形象」和「上帝的樣式」，墮落後的人失去「上帝的樣式」而仍保存著上帝的形象和自然能力。

六、教會論。討論教會的性質和特徵、普世性與統一性、教會與社會的關係等問題。

七、聖事論。討論聖餐、洗禮等聖事的性質和意義。對於聖餐禮中餅和酒經過祝聖後的性質問題，歷史上有三種主要的主張：變體說；同體說；紀念說（或象徵說）。

八、恩寵論。對恩寵含義的解釋，以及世人如何得到上帝的慈愛和恩眷的條件的探討。天主教認爲人們通過祈禱和聖事可獲得恩寵，新教主張唯有依靠信心才能得救稱義，反對天主教將恩寵與功德緊密聯繫起來的說法。

九、終極論。也稱末世論，是對人類及世界最終結局的信仰和理論。包括基督再臨、死人復活、最後審判、千禧年和天堂、地獄等問題。其中相信世界末日來到前上帝的國將在世上統治一千年的理論，稱「千禧年論」，它又分「千禧年前論」（認為基督在千禧年之前復臨）和「千禧年後論」（認為千禧年之後基督才再降臨）。

基督教的儀式和節日

一、洗禮。洗禮是入教者必須接受的第一件聖事。受洗者表示接受洗禮，「悔改信主」，並經過聖水洗掉原罪和本罪，此後才有權領受其他聖事，成爲正式的信徒。受洗前要接受一段時間基督教的教義，懂得了基本教義、教規及其他方面知識，符合入教條件後，才准予受洗。受洗者一般是在長大成人後進行受洗。各教受洗方式各不相同。天主教用注水式，東正教用浸水式，新教分注水禮和浸水禮兩種。主持洗禮的人必須是主教、神父、牧師等。主禮者用手蘸上經過祈禱的清水，即「聖水」，然後點在受禮者的頭上，或傾注在受禮者的額頭上，並說：「奉聖父、聖子、聖靈之名，給你施洗。」有的還蘸水在受禮者額頭上畫十字架聖號。

二、聖餐。聖餐是基督教主要儀式之一，新教稱「聖餐」，天主教稱「聖體聖事」，對其禮儀稱「彌撒」；東正教則稱「聖體」。根據《聖經》記載，耶穌與門徒進行最後的晚餐時，將餅和酒分給他們領食，並稱其爲自己的身體和血，是爲眾人免罪而捨棄流出的，且命後世信徒常如此行事以紀念他。具體禮儀各宗派不盡相同，一般由主禮人（牧師或神父）對餅和酒（有些派別用葡萄汁替代）進行祝禱，然後分給正式信徒領食。

三、耶誕節。耶誕節是爲紀念耶穌誕生而設立的，但《聖經》中並沒有準確的記載，三三六年羅馬教會開始在每年的十二月二十五日過此節。十二月二十五日原爲羅馬帝國規定的太陽神誕辰，後人認爲選擇這天慶祝聖誕，是因爲基督徒認爲基督就是正義、永恆的太陽。五世紀中葉以後，耶誕節成了教會的傳統重要節日，並在東西派教會逐漸傳開。因所用曆法不同等原因，各派教會舉行慶祝的具體日期和活動形式也有差別。

四、彌撒。彌撒原爲儀式的主體部分開始前遣散尚未接受洗禮者，宗教或儀式結束時遣散全體與禮者的用語，後衍用爲儀式的名稱。在神學上認爲舉行此儀式，是以不流血的方式，重複進行耶穌在十字架上對聖父的祭獻，並認爲經過祝聖的餅和酒實質上已變成了耶穌基督的眞正身體和血。主禮人先領「聖體」和「聖血」，然後讓信徒輪流領「聖體」（一般不參加領聖血）。新教的大多數宗派中已不再採用彌撒儀式。

五、復活節。復活節又稱「耶穌復活瞻禮」，是基督教紀念耶穌復活的節日。在《新約全書·福音書》中，耶穌被釘死在十字架上，在他受難後的第三天清晨，門徒們發現在幕中的屍體不見了。這時，天使向他們顯現說：「耶穌已經復活了。」當天晚上，耶穌出現在聚會的門徒的中間，告訴他們要相信基督的受難和復活，要他們去傳播福音，「使萬民作我的

門徒，奉父、子、聖靈的名給他們施洗」。據此記錄，二三五年，基督教的尼西亞大公會議規定，每年三月二十二日至四月二十五日之間爲「復活節」。節日期間，教會都要舉行慶祝活動。

六、禮拜。禮拜是基督教主要崇拜活動，內容包括祈禱、讀經、唱詩、講道、祝福等，一般是星期日在教堂內舉行，由牧師或長老主禮。基督教認爲耶穌基督是在星期日復活的，故稱之「主日」（主的日子），並在該日舉行禮拜，有時也可以在其他日子舉行。除星期日公眾禮拜外，還有一些特殊的禮拜，如結婚禮拜等。

基督教的典籍

基督教的經典是《聖經》，是基督教教義教規的總匯，是基督教徒信仰的總綱和處世的規範，是永恆的眞理。《聖經》分爲《新約全書》和《舊約全書》兩部分。《舊約》原是猶太教的經典，耶穌對其某些方面提出了自己的、不同於猶太教的看法，並做出了解釋說明，作爲自己信仰的一個重要依據。

《舊約》包括律法書、先知書、歷史書和雜集四類，共三十九卷，其中記錄了天地起源、猶太人的來源和歷史以及古代猶太人的文學作品。律法書、先知書、歷史書將在後面的猶太教一章中有所闡述。《新約》包括四福音書（即《馬太福音》、《馬可福音》、《路加福音》和《約翰福音》）、歷史書、使徒書信和啓示錄四類，共二十七卷，其中主要記述了耶穌及其門徒的言行，在《啓示錄》中，還記述了基督教對末日審判的預言。

《馬太福音》是新約和舊約之間的橋梁，它將舊約中有關基督的預言和新約中耶穌的生平連貫起來。天國，是耶穌所傳福音的內容。馬太將這福音的內涵具體且有次序地呈現出來，讓歷世歷代所有願跟隨耶穌的人，更清楚自己應該如何活在所處的世代和社會中，成爲天國在當代的見證人。《馬太福音》以猶太文士、法利賽人的自義、自傲、假冒爲善來對照，突顯天國福音的本質，叫人從自我中心的捆鎖中扭轉，確實地跟隨基督，並且願遵行大使命去傳揚這令人興奮的福音，得以享受以馬內利的福音：「我就與你們同在，直到世界的末了。」

《馬可福音》是耶穌基督福音的起頭。神的兒子耶穌基督是福音的中心，是人和神之間的中保，是我們一生認識和效法的典範。這一位至高無上、極有尊榮的神子，卻甘願虛己，取了奴僕的形象，成爲人的樣式，並且謙卑服事眾人，甚至爲我們的罪捨己性命，死在十字

架上。馬可福音正是以這樣的角度，描述這一位謙卑服事的君王。在這一個講究權術、看重高位、追求成功的世代，我們要回到「誰願意爲大，就必須作你們的傭人。誰願意爲首，就必作你們的僕人」的路線。研讀《馬可福音》，除了讓我們更能認識基督的福音外，更讓我們看見一個捨己僕人的生命榜樣。

《路加福音》是新約聖經中的四本福音書中的一本，一般排在第三部。相傳是希臘醫生路加所作。這本福音是四部福音中對耶穌的一生、尤其是出生前及童年生活描述最多的。《使徒行傳》也是路加的作品。

《約翰福音》寫作的主要目的，是要向所有的人說明耶穌是神的兒子。約翰可能讀過其他福音書，也故意略去其他福音書中的許多記載，而用不同的資料、主題、措辭來描述基督本身。他說明基督是「道」，就是在太初存在、有神本質、爲創造的憑藉且成肉身的那位；基督又是「彌賽亞」，是歷代盼望的救主；他是「人子」，將被舉起而吸引萬人；他又是「神子」，從父來，與父合一，並要歸於父。約翰還記載了耶穌的多項自我宣稱——他是生命的糧、世界的光、門、好牧人、復活、生命、道路、眞理、眞葡萄樹。這些稱謂分別表彰了基督的某一部分本質或工作，使人更全面認識基督。

《約翰福音》也著重「生命」，主要是指今生可享受的新生命，它是在基督裡才有的，且要藉著「信」而得。約翰福音中對「信」的解釋比其他福音書更清楚。「信」乃是「接受」所信的對象，不只是理智上的同意。「信」可說是一種關係的建立，因此信心是需要持守的（原文常用進行式表示，意為繼續不斷）。本書也是福音書中最清楚提到聖靈者。《約翰福音》長篇的講論雖然有難解之處，卻是關於基督論不可或缺的材料。

基督教的派別

由於政治區劃和語言、文化傳統等方面的差異，羅馬帝國全境事實上一直分爲東西兩部分。羅馬帝國在四世紀末分裂之後，東西兩部分化成了以說拉丁語爲主的西部派別和以說希臘語爲主的東部派別。

一、天主教。天主教是基督教三大教派之一。基督教產生不久，就逐漸形成拉丁語系的西派和希臘語的東派。東派以君士坦丁堡爲中心，西派以羅馬帝國的首都羅馬爲中心，天主教就是從西派的基礎上演化而來的。

天主教稱其教義爲最純正的基督教教義，是基督親授，經使徒和公教教會持守、傳授、教導，所有公教教徒都必須全部信奉接受的純正信仰內容。天主教會強調信仰是對「啓示眞理」表示同意或「認信」。天主教又將啓示分爲自然啓示和特殊啓示兩種。自然啓示是指通過人類自然理性即可認識的眞理，如關於天主的存在、天主對宇宙的造化、靈魂不滅等，論證這些教義的理論稱爲自然神學或哲理神學；特殊啓示指超乎人類自然理性、非經天主啓示不能獲得的眞理，有關的教義稱爲啓示教義，包括三位一體、救贖、教會、復活、永生等，並認爲這些教義有超理性的奧祕性，故又稱超性教義，論證這些教義的理論或學說，稱爲啓示神學或超性神學。天主教認爲聖傳和聖經組成天主聖言，是啓示的寶庫，而解釋聖傳與聖經的權力在教會。凡由教會加以神聖委派，賦予「傳授和教誨教義之權」者（如教皇、公會議、主教等），他們的合法教誨皆「無謬誤」，並對所有教徒具有制約性的權威。

在組織體制上，天主教會十分重視教階制。天主教的教階制分爲神職教階和治權教階兩類。神職教階屬「神所立的品級」，由主教、司鐸、助祭構成。職權教階是根據教會的治理和統轄權，以及某些特定分工而形成的級次，位居最高者爲教皇，下有宗主教、牧首主教、省區大主教、都主教、大主教、教區主教，以及由教皇特委的教廷重要成員樞機主教。

天主教是現今基督教的第一大派別，全世界共有天主教徒八．八億，約佔世界人口的百分之十八．五，在各大洲的分布大致爲：拉丁美洲約有三．七億，歐洲約有二．五億，北美洲和非洲各有約八千餘萬，亞洲和大洋州各有約七千餘萬。

二、東正教。東正教是基督教三大教派之一。一〇五四年，東西兩派正式分裂，以君士坦丁堡爲中心的大部分東正派教會自稱「正教」，意思是保有正統教義的正宗教會，又稱「東正教」。又因由希臘語地區的教會發展而來，所以又稱「希臘正教」。東正教除信守一切傳統教義外，還信守前七次大公會議的決議，除主教外，一般神職人員可以婚娶；不接受羅馬教皇的領導，只承認他是「羅馬主教」和「西部教會的牧首」。東正教最初盛行於巴爾幹半島、西亞和北非，後來傳入俄國、東歐以及東亞等地。

在教義方面，第一，東正教信守前七次公會議信條，不承認以後天主教所舉行的歷次公會議。在「和子句」問題上，東正教繼承東派教會的觀點，認爲此乃對《尼西亞信經》的篡改。第二，東正教注重道成肉身，認爲人之得救，在於把必死之人通過與道成肉身的基督神祕聯合而變成屬於神的不死的生命。東正教神學中很少有涉及人性本原敗壞的內容，因此不十分強調贖罪論。關於恩典和原罪論，東正教的觀點和奧古斯丁的預定論有所不同。東正教認爲

每一個人都在亞當的罪中犯了罪，拯救既要依靠自身，也要依靠天主。首要的是自身必須擇善，天主才能幫助他們。善功只是條件，並不具有得救的效用，只有依靠天主的恩典才能獲得重生和得救。聖事中基督的血所生的救贖作用，是給予一切人的，凡願意接受信仰和洗禮的，都可以得救；凡是願意敬奉天主的，都可以得到報償。第三，東正教特別重視對聖母的崇拜。三一論確立後，對聖母的崇拜，反映了信仰者需要一個可靠的「中保」思想，童貞女馬利亞就成了最理想的對象。

在教會組織方面，東正教否認天主教只有「使徒教區」，即由使徒建立的教區有權成為牧首區的觀點，認為應該根據實際情況，如根據國家或城市在經濟、政治方面的重要性設立牧首區。牧首區（大主教區）下轄數個首府主教區。主教區的首腦是主教，其人選必須是高級修士或領聖職後保證效法修士生活的司祭。司祭可以結婚，但不能作為主教入選。主教以下的位次是：修士大司祭、修士司祭和修士輔祭，再以下的助祭、誦經士無神品。

東正教的信徒主要分布東南歐、巴爾幹半島、小亞細亞、美國等地區，在中國人數不多，目前主要集中在東北地區。東正教主要的自主教會有君士坦丁堡牧首區、耶路撒冷牧首區、俄羅斯正教會、格魯吉亞正教會、賽普勒斯正教會、塞爾維亞正教會、保加利亞正教會、羅馬尼亞正教會、波蘭正教會、希臘正教會、美國正教會、日本正教會、芬蘭正教會等。

三、新教。新教是與東正教、天主教並列的三大基督教派之一，十六世紀歐洲宗教改革後分化出來而不屬於天主教的各宗派的統稱，又稱抗羅教或更正教，源於一五二九年擁護宗教改革的諸侯在德國帝國會議上抗議支持羅馬教廷的決議。

新教不承認羅馬教皇的絕對權威，不接受羅馬教廷的統一領導，主張教會多樣化，認為教牧人員與信徒之間沒有根本對立，主張簡化宗教儀式和聖禮，廢除禁止神職人員婚娶的規定，取消隱修制及聖物、聖像崇拜等。

新教將天主教的七項聖事精簡為兩項，即聖餐和聖禮。教堂的陳設布置及宗教服飾方面雖無統一規定，但也比天主教更為簡樸。有的教會，如安立甘宗教會，保留了較多的傳統，教堂內有聖像聖畫，儀式也較複雜；多數教會則推崇簡樸，教堂內只有十字架。新教的節日與天主教一致，尤其重視耶穌誕生與復活的慶典。

新教中的神職人員一般為牧師，即牧羊人的意思，是負責主持宗教儀式和管理教務的人員，通常負責一個教堂的活動。有些教派中，在牧師中沒有主教、會督等神職人員。新教教會中除牧師外，還有一些非神職人員，如長老，是新教一些宗派如加爾文派的領袖，長老從一般教徒中選舉產生，參加教會管理工作，但是非專職宗教職業者，仍繼續從事世俗職業。

基督教的國教化

基督教自產生後一千年間，已傳遍整個歐洲以及北非、西亞的部分地區。十六世紀天主教教會開始派遣傳教士到拉丁美洲以及亞洲南部、東部活動。新教的傳教活動起步較晚，於十七世紀初開始向北美傳教。十八世紀，隨著歐洲資本主義國家在全世界爭奪殖民地，基督教各派都先後成立傳教組織，派遣傳教士開展傳教活動，按各派特具的教義特點、禮儀、組織形式傳到世界各國。

十九世紀是基督教的傳教高峰時期，傳教士除傳播教義、建立教會、興辦文化教育和慈善事業外，還有一部分充當殖民主義、帝國主義的幫兇，向傳教區所在國家進行經濟、文化、政治、軍事侵略。二十世紀，傳教運動遭到亞、非、拉各國人民和非基督教徒的譴責和抵制。亞、非、拉各地一些教會正在透過教會自立運動，力圖改善這一局面。

至三世紀末，基督教社會力量日益增強，其多數領導成員的社會成分雖已上層化，但基本群眾仍多屬中、下層平民和奴隸。在幾次對基督教徒的大規模迫害中，基督教非但沒有被消滅，反而在人數和社會影響上有所發展。四世紀初，由於羅馬帝國內外衝突的日益加劇，

當局對基督教的政策有所改變。三一三年，羅馬帝國皇帝君士坦丁一世在米蘭發布「寬容敕令」（史稱「米蘭敕令」），宣布基督教可與所有其他宗教同享自由，不受歧視。從此，基督教成爲官方認可的合法宗教。三九二年，羅馬帝國皇帝狄奧多西一世正式宣布基督教爲國教。

基督教在中國的傳播

一、唐代的基督教。對基督教在古代中國的傳播情況，人們在很長一段時間內幾乎一無所知。一二九四年受教皇差遣來華的教士孟特．戈維諾於一三〇五年從中國寄回報告說：「從沒有使徒或使徒的門徒前來這些地區傳過教。」但是，自從明朝熹宗天啓五年西安市西郊發現「大秦景教流行中國碑」之後，人們開始認識到基督教聶斯脫利派——即中國所謂「景教」——至遲已於唐貞觀九年（635年）傳入當時中國的腹地了。

據景教碑記載，代表基督教聶斯脫利派來華傳教的是敘利亞人阿羅本。他從波斯經西域，於「貞觀九祀至於長安」。唐太宗派了宰相房玄齡率儀仗隊去西郊迎接。阿羅本在朝廷受到禮遇，「翻經書殿，問道禁闈」，三年後太宗下詔稱：「詳其教旨，玄妙無爲；觀其元宗，生成立要。詞無繁說，理有忘筌。濟物利人，宜行天下。」玄宗出錢幫助這位景教僧徒在長

安義寧坊建了座波斯寺（天寶四年，玄宗令改名為大秦寺），度僧二十一人。高宗時，「於各州各置景寺」，達到了所謂「法流十道」，「寺滿百城」的興旺階段。後雖於武則天當政時受到一些「下士」和「釋子」的攻擊，但從六三五年到武宗滅佛的會昌五年（845年）這段時間中，景教在中國各地傳播得相當迅速。

然而，到西元九世紀中期，唐武宗以為佛教的盛行「蠹耗國風」、「壞法害人」，故下詔毀天下僧寺四千六百區，招提蘭若四萬；並且「勒大秦、穆護、祅三千餘人，並令還俗，不雜中華之風」。唐武宗之後，內地的景教趨於泯滅，但在邊遠地區，尤其是新疆等地的少數民族中，景教的流傳似未停止。本世紀初在敦煌石窟中發現了《大秦景教三威蒙度贊》、《尊經》、《大秦景教宣元本經》、《志玄安樂經》、《序聽迷詩所經》、《一神論》、《大秦景教大聖通眞歸法贊》等景教文獻，可見景教在唐代後期在敦煌地區仍是相當盛行的。

二、元代的基督教

基督教在十三世紀的中國內地重新出現。蒙古人稱這時的基督教徒為「也里可溫」。「也里」意「上帝」，「可溫」謂「兒子們」，也里可溫則指「上帝的子孫」。基督教在元代時勢力很大。史籍記載，元初僅大都地區就有聶斯脫利派信徒三萬多人，「設有契丹、汪古大主教區管理，西北地方還有唐兀等大主教區的設置」。元代政權在中央

設立崇福司，秩從二品，掌領馬兒、哈昔、列班、也里可溫、十字寺祭享等事。到仁宗延佑二年（1315年），改司為院，有並天下也里可溫掌教司七十二所，足見當時基督教在全國的分布之廣。

一般認為也里可溫不僅指「景教」徒，也包括當時已來華的天主教徒。天主教教士來華傳教始於一二九四年，這年孟特．戈維諾到達大都。在這之前，羅馬教廷與蒙古汗國已有多次遣使互訪。一二六〇年前後，威尼斯商人尼哥羅兄弟東來經商，後到達大都，被忽必烈派遣出使羅馬教廷。一二七一年尼哥羅帶兒子馬可．波羅回元朝覆命，一二七五年抵上都。馬可．波羅在華遊歷甚廣，直到一二九一年才隨護送伊利汗妃的使者由海道回國。一二八七年大都人景教教士列班．掃馬受伊利汗阿魯渾派遣，出使歐洲各國，會見了法王、英王和教皇。促成教皇遣教士東來傳教事。孟特．戈維諾在大都頗受元成宗禮遇，使元貴族中一些聶斯脫利派教徒改奉天主教，並建立了幾所天主教堂。教皇一三〇七年任命他為大都大主教與全東方總主教，後又派幾名教士前來協助他管理教會。據載當時幾十年間教徒達三萬餘人，堪稱中世紀天主教在中國傳教的鼎盛時期。

孟特·戈維諾一三二八年在大都去世，大都大主教之位無人繼任，四十年後元朝被推翻，元順帝以及信教的貴族出塞北逃，基督教在中國再次漸趨絕滅。

三、中國近代的基督教。十六世紀耶穌會士利瑪竇等來華，可以說是基督教在中國傳播第三階段的開始。

一五八二年利瑪竇奉耶穌會遠東巡閱使范禮安之命來澳門學中文，次年九月與羅明堅以「西天竺僧」身分得以進入廣東肇慶，建起第一個傳教會所。利瑪竇移居韶州後，請人講授「四書」，一五九四年初將《四書》用拉丁文譯成第一個外文譯本。這時他覺得僧人地位不及儒生，於是向范禮安建議傳教士廢僧名。一五九五年他穿儒服列南昌定居，結交顯達，作《交友論》，並完成《天學實義》（後改稱《天主實義》）初稿，後任中國傳教會會長。定居南京後，結識了李贄、徐光啓等，聲名益盛。一六〇一年初他獲准入京進貢方物並接受官俸，始定居北京，在徐光啓等人的協同下，著手系統地介紹他所瞭解和熟悉的一些科學知識，譯出了《幾何原本》前六卷。利瑪竇成功地將基督教再次傳入中國。

明末清初來華傳教士大都步利瑪竇後塵，以介紹西方科學知識爲傳教手段，努力熟悉中國文化傳統和風俗習慣，尋找一種共同語言。湯若望（1591—1666年），畢方濟（1582—1649年）和南懷仁（1623—1688年）等後來者也得到朝野權貴的賞識，獲准在中國十三省自由傳教，一時信徒多達數萬。

康熙末年，羅馬教廷支持多明我會，指責耶穌會士維護祭祖祀孔實際上是賣主求榮，在「中國禮儀之爭」中堅持不讓步，結果引起康熙的反感，揮筆朱批道：「以後不必西洋人在中國行教，禁止可也，免得多事。」此後不久，清王朝索性實行閉關自守政策，直到鴉片戰爭後門戶被列強轟開。

一八〇七年馬禮遜來華，標誌著所謂「第四次對華傳教運動」的開始，也是新教來中國大陸傳教的起點。實際上早在十七世紀，荷蘭殖民者侵佔臺灣期間，新教傳教士就開始在臺灣傳教並開辦教會學校了。一八四〇年鴉片戰爭後，中國被迫與列強簽訂的一系列不平等條約中，都規定了外國傳教士可隨意在中國境內「開設教堂」、「入內地傳教」。所以隨後在短短幾十年間，教會勢力擴展甚速，洪秀全等在金田起義時，也藉助基督教的力量，以「拜上帝會」來和封建政權相抗衡。

毫無疑問，近代中國的基督教傳教史是一部極爲複雜的歷史，一方面它主要是在列強用炮艦轟開中國門戶之後展開，另一方面當時的門戶洞開客觀上又促使這個古老封建帝國告別昨天，力求維新。一些外國傳教士與殖民主義者沆瀣一氣，騎在中國人民頭上作威作福，激起了中國人民的英勇反抗，如義和團運動和一些「教案」的發生，就有這種激而生變的因素；但同時也有不少眞心傳教、願意幫助中國人民的西教士，爲中國文化事業的發展作出了不可磨滅的貢獻。

四、基督教在中國解放前的情況。十九世紀下半葉起，各地教案接連發生，教會被殖民主義和帝國主義份子利用，使中國一些愛國的基督徒受到很大的刺激，開始主張教會獨立。到了二十世紀，中國教會中的有識之士宣導建立本色教會，改變「洋教」形象，推動愛國運動，主要提出了三個要求：第一，收回國家主權，廢除不平等條約。第二，反對傳教士中帝國主義份子的反華言行。第三，脫離西差會，收回教會自主權。

九一八事變後，民族災難深重，許多基督徒的愛國熱情主要表現在宣傳抗戰、支援前線、救護傷兵、收容難民等工作上。馬相伯、吳耀宗、劉良模、鄧裕志等天主教和新教人士，或參加各界救國會，或對外宣傳日本帝國主義侵華眞相，或爲國內抗戰募集款項，從各方面投

入到抗日救亡運動中。前滬江大學校長劉湛恩因不屈服於日寇的淫威，甚至遭到暗殺，爲祖國、爲民族流盡了最後一滴血，充分表現出中國基督徒崇高堅貞的愛國主義情操。

但是由於當時中國尚處於半封建半殖民地的境遇，教會不可能眞正成爲獨立自主的教會，所以儘管中國教會中有識之士不斷呼籲，當時收效終究甚微。一九四九年壓在中國人民頭上的三座大山被推倒之後，中國的教會也開始出現了嶄新的面貌。

五、基督教在新中國成立後的情況

一九五〇年初，吳耀宗在上海「中華全國基督教協進會」執委擴大會上針對差會的陰謀嚴正指出：「以前教會中所有腐敗的東西要設法去掉；實行自立、自養，以具體的工作來表現愛國的精神，爲人民服務。」並說：「我們所反對的是美國的帝國主義政策，不是反對美國的教會以及美國的基督徒。」新中國的成立，使中國教會開始徹底擺脫殖民主義、帝國主義份子的控制和利用，實行獨立自辦的條件成熟了。

在那個時期，鑒於西差會還想透過留在大陸的一些傳教士控制中國教會，新教另一位愛國人士趙紫宸覺得當務之急是教會組織方面的改造，而最困難的也是人事問題，他認爲：「改革教會就是要改造教會裡負責的人。」同年四月，基督教訪問團到北京訪問，吳耀宗、劉良模等團員會同京津一些教會領袖趙紫宸、陸志韋、趙復三等人謁見周恩來總理，報告解放後

基督教的情況，要求政府協助解決各地教會所面臨的困難。在前後三次長談中，大家也反映了中國基督徒多年來提倡自治、自養、自傳的願望，決定發起「三自愛國運動」，當即受到周總理的贊同和嘉許。大家因此也受到啓發，認識到基督教應當自覺地肅清帝國主義在其中的力量和影響。

隨後，由吳耀宗起草、修改達八次之多的《中國基督教在新中國建設中努力的途徑》（後被稱為「三自宣言」），由四十名教會領袖署名發起，得到各地教會負責人一千五百多人的簽名回應。同年九月二十三日《人民日報》刊載了宣言和全部簽名名單，並發表社論《基督教人士的愛國運動》予以支持。轟轟烈烈的三自愛國運動由此正式展開。

一九五〇年十一月三十日，四川廣元縣以王良佑神父爲首的五百多名天主教徒首先聯名發表天主教自立革新運動宣言：「我們基於愛祖國、愛人民的立場堅決與帝國主義者切斷各方面的關係，自力更生，建立自治、自養、自傳的新教會。」很快地，重慶、南昌、武漢、夾江、岳池等地的天主教信徒群起響應。

在運動開展過程中，羅馬教廷和一些國外差會勢力千方百計加以破壞阻撓。羅馬教廷聖職部曾於一九五〇年七月二十八日發出警告，說凡是參加「在共產黨的指示和贊助之下成立

的組織，不論在何種名目的掩護下，都將遭到制裁」。有些外國神職人員威脅愛國教友，說誰簽名擁護革新，誰就是「背教」、要「摘神權」，「脫離教宗」，是「犯大罪」，要「停神功」。這時美帝國主義正發動侵朝戰爭，中國人民包括廣大愛國基督徒紛紛起來擁護黨和政府關於「抗美援朝、保家衛國」的戰略決策，積極投入到抗美援朝這一聲勢浩大的運動中去。美國政府因此於一九五〇年十二月十日宣布凍結中國在美的公私財產，並禁止在美註冊的船隻開到中國港口，致使中國教會進一步陷入經濟困難中，但也從反面更加堅定了愛國信徒走三自道路的決心。

周恩來總理於同月二十八日發布命令，管制與清查中國境內的美國政府和企業的一切財產，凍結境內所有銀行的一切美國公私存款。次日又做出關於處理接受美國津貼的文化教育救濟機關及宗教團體方針的決定。在這之前，政府教育部已於十月十二日接管了原天主教私立輔仁大學，幫助它擺脫經濟困難，確保了教學的順利進行。一九五一年四月政務院又召開「處理接受美國津貼的基督教團體會議」，中國教會領袖聯合發表宣言，「要最後地、徹底地、永遠地、全部地割斷與美國差會及其他差會的一切關係，實現中國基督教的自治、自養、自傳」。為了指導全國的運動，隨即籌備成立了「中國基督教抗美援朝三自革新運動委員會」。一九五四年新教信徒反帝愛國的全國性組織「中國基督教三自愛國運動委員會」正式成立。

到一九五二年底，中國天主教全國七十二個教區中先後成立了九十八個愛國愛教組織。一九五六年七月二十五日，中國天主教友愛國會籌備委員會在北京成立。次年七月中國天主教第一屆代表會議在北京召開。全國一百多個教區的主教、神父和教徒共兩百四十一人出席了會議，成立了中國天主教友愛國會，推選皮漱石總主教爲該會第一屆主席。會上提出「走社會主義道路和自辦教會」作爲中國天主教愛國運動的方向。一九五八年湖北省愛國的神父教友不顧教廷進行「超級絕罰」的恫嚇，於四月十三日隆重舉行了武昌、漢口教區兩位自選主教的祝聖典禮，邁出了獨立自主、自辦教會的重要一步。到一九六二年全國自選自聖主教已有五十名。

六、基督教在中國現階段的情況。基督教在文化大革命期間受到很大的迫害，但在粉碎「四人幫」反黨集團以後，黨中央撥亂反正，重新貫徹執行一度中斷了的宗教信仰自由政策。特別是一九八二年，黨中央總結了建國以來在對待宗教問題上正反兩方面的經驗教訓，提出了關於中國社會主義時期宗教問題的基本觀點和基本政策，在處理宗教問題上獲得了巨大的成功。

近幾年來，新教在中國共恢復和建造了四千多所禮拜堂，不僅恢復和重建了全國三自愛國運動委員會和各級地方宗教界愛國組織，而且根據形勢發展的需要，於一九八〇年成立了中國基督教（新教）全國性教務組織「中國基督教協會」，與中國基督教三自愛國運動委員會分工合作，共同管理和辦好中國的基督教會。同時爲了教會自身的需要，在政府有關部門的支持下，全國基督教「兩會」重印了兩百多萬本《聖經》，恢復了《天風》，出版了《讚美詩（新編）》和《講道集》等宗教靈修書刊。爲了培養和教育年輕一代的愛國宗教職業人員，金陵協和神學院於一九八一年恢復招生，至今全國恢復和開辦的神學院校已達十所。此外，各地還辦起了多種形式的進修班和培訓班，培養年輕一代的傳道人員，全國「兩會」及金陵協和神學院組織編寫和出版進修班講義和《函授教材》，以滿足各地信徒和教會工作人員的學習需要。廣大教牧同工爲了使教會眞正做到治好、養好、傳好，在三自的基礎上把中國的教會辦得更好，正從信仰上、教會史以及基督教思想史的角度對三自的理論與實踐進行深入探索。近來，在政府宗教事務部門的支援下，教會正逐漸加強自身的管理，建立起一些規章制度，確保基督教宗教活動的正常化。在開展對外友好往來的同時，中國基督教「兩會」對海外敵對勢力的滲透和破壞也進行了揭露和抵制。

在天主教方面，最近短短幾年中國已恢復和修建了九百多座教堂和一千多個會所，其中包括國際上相當有名的佘山聖母大殿和北京北堂，開辦了中國天主教神哲學院和六座總修院，另外創辦了四所備修院和十多所修女院。

目前中國東正教信徒人數較少，其中大多數集中在東北和新疆地區。「文革」之後，自主的中華東正教會哈爾濱教會已正式恢復了活動，並於一九八四年十月十四日在哈爾濱市「聖母拼檬」教堂舉行了恢復宗教活動的儀式。

中國基督教鼓勵信徒爲社會主義兩個文明建設貢獻力量，積極參加爲世界和平禱告等維護正義和平活動，開展對外友好往來，促進中國基督教群眾與國外信教人民間的瞭解和友誼，透過五十多年來的三自愛國運動，使中國教會今天成爲中國信教群眾自辦的事業，基督教中消極的因素得到逐步克服，好的傳統得到發揚，目前正朝著與社會主義相適應、相協調的方向變化。

伊斯蘭教

伊斯蘭教

伊斯蘭教是與佛教和基督教並列的世界三大宗教。西元七世紀初誕生於阿拉伯半島。它是由伊斯蘭教的先知穆罕默德所創，「伊斯蘭」一詞原意為「順服、歸順、服從」，由此而派生的教徒穆斯林即為「順服者」，伊斯蘭一詞的含義就是歸順唯一的神阿拉的旨意，服從阿拉的戒律。

伊斯蘭教徒在全世界分布廣泛，目前世界上有七億多信徒，他們大多分布在阿拉伯國家，以及中非、北非、中亞、西亞、東南亞和印度、巴基斯坦、中國。第二次世界大戰後，伊斯蘭教一直在迅猛發展，有三十個國家宣布伊斯蘭教為國教。伊斯蘭教的傳統盛行地區是西亞、北非、南亞和東南亞，但現已向撒哈拉以南非洲地區和歐美各地發展。

伊斯蘭教的起源

伊斯蘭教誕生於七世紀阿拉伯半島的社會大變動時期。當時的阿拉伯社會，尚未形成統一的國家，政治混亂，氏族部落各據一方，仇殺、劫掠時有發生。在宗教信仰方面，伊斯蘭教興起前阿拉伯半島原始宗教盛行，人們崇拜各種自然物體，相信神靈。同時，各部落都有自己的部落神，偶像崇拜也極爲普遍。但隨著社會動盪不安，居民的原始宗教信仰開始動搖。

當時，猶太教和基督教雖已傳入半島，其宗教思想對日後伊斯蘭教也有顯著的影響，但由於不能適應阿拉伯半島面臨的社會改革新形勢，未能得到廣泛傳播。因此，打破氏族壁壘、消除氏族間的仇殺、實現政治的統一和社會的安寧，以擺脫日益加深的社會危機，是當時阿拉伯社會的唯一出路。伊斯蘭教的先知穆罕默德順應這一歷史進程的客觀需求，以「阿拉唯一」爲號召，提出了「禁止高利貸」、「施捨濟貧」、「和平與安寧」等主張，既反映了上層社會的要求，也符合深受壓迫和剝削的廣大群眾擺脫困境的願望。伊斯蘭教就是在這種歷史轉折的關頭，爲適應經濟的變化和建立統一國家的要求而產生的。

伊斯蘭教的創始人是穆罕默德。他出生於阿拉伯半島麥加城古來什部落雜湊姆家族一個沒落的家族，父親在他出生前已亡故，六歲喪母，由伯父撫養成人。穆罕默德年少時曾隨伯父的商隊去過巴勒斯坦和敘利亞，後受雇於麥加富孀卡迪雅並爲之經商。二十五歲時與卡迪雅結婚。據說，穆罕默德中年後，經常在麥加附近的希拉山洞中潛思冥想，祈禱阿拉，四十歲時，有一天他在山洞中聽到了阿拉通過天使加百列傳給他的第一個啓示。此後，穆罕默德就在麥加開始傳播伊斯蘭教。

伊斯蘭教的教義

伊斯蘭教教義由三部分組成，即宗教信仰（伊瑪尼），具體指信阿拉、信天使、信經典、信先知、信後世；宗教義務（儀巴達特），指穆斯林在宗教上必盡的五項宗教功課；善行（伊赫桑），指穆斯林在宗教上必遵行的道德規範。

信仰屬世界觀、理論和思想方面，宗教義務和善行則屬實踐和行爲方面。兩方面結合一體就構成伊斯蘭教的基本教理。作爲一個穆斯林，意味著承認伊斯蘭教的基本信條，在行爲上遵守五項宗教制度，並行善止惡。

伊斯蘭教徒的宗教信仰基本爲伊斯蘭教教義中的五個基本信條。這五個信條是：

第一，信阿拉。相信阿拉是宇宙萬物的創造者、恩養者和唯一的主宰，是全能全知、大仁大慈、無形象、無所在又無所不在、不生育也不被生、無始無終、永生自存、獨一無二的。

第二，信天使，相信天使是阿拉用「光」創造的一種妙體，人眼無法看見。天使只受阿拉的驅使，只接受阿拉的命令。它們各司其職，但並無神性，穆斯林只需注意承認它們的存在，不能膜拜。天使數目很多，最著名的爲四大天使，其中尤以吉卜利勒地位最高。

第三，信經典。相信《古蘭經》是阿拉的語言，是通過穆罕默德「降示」的最後一部經典。

第四，信先知。相信自人祖阿丹以來，阿拉曾派遣過許多傳布阿拉之道的使者和先知。穆罕默德是最後一個先知，因而是最偉大的先知。

第五，信後世。相信人都要經歷今生和後世，終有一天，世界一切生命都會停止，進行總清算，即世界末日的來臨。屆時所有的人都將復活，接受阿拉的裁判，行善者進天堂，作惡者下火獄。

除了這五條主要信條外，各個教派又有自己的特殊信條，最主要的是五功。五功是穆斯林的五項宗教功課，是每個教徒都應遵守的最基本的宗教義務，被認爲是伊斯蘭教的支柱。五功具體爲以下五者：

一、念功。念功是伊斯蘭教的五項基本功修之首，是伊斯蘭教信仰的核心，每個穆斯林在思想意識、信仰之外必須履行的表現。在行爲方面的功課是展現信仰、堅定信仰、完善信仰、磨練意志的基本教義和制度。伊斯蘭教認爲，信仰包括三大要素──口舌承認，內心承認，身體力行。念功就是這三者最重要的具體體現。念功就是要念誦清眞言，這是穆斯林對自己信仰的表白。阿拉伯語稱爲舍哈德（意為作證），其內容是用阿拉伯語念誦：「我作證：除阿拉外，再沒有神，穆罕默德是阿拉的使者。」只要接受這一證言，並當眾背誦，就可以成爲正式的穆斯林。念功是堅定穆斯林信仰的一種最簡單又最切實可行的辦法。

二、禮功。禮功被通用波斯語的穆斯林稱爲「乃瑪孜」，中國穆斯林稱爲「拜功」，指穆斯林朝向麥加誦經、祈禱、跪拜等宗教儀式的總稱。禮功即作禮拜，一般認爲這是接近眞主的門路和階梯。穆斯林教徒要履行每日五次的時禮，每週一次的聚禮，宗教節日的會禮。每日五次的時禮，第一次稱晨禮，在拂曉舉行；第二次稱晌禮，在中午一時至三時舉行；第

三次稱晡禮，在下午四時至日落前舉行；第四次稱昏禮，在日落後或太陽的白光消逝前舉行；第五次稱宵禮，在入夜至拂曉前進行。聚禮又稱主麻日禮拜，是集體的公共祈禱，一般在星期五舉行。會禮則在每年的開齋節和古爾邦節舉行。禮拜的前提條件是身體清潔，禮拜前必須按規定作大淨或小淨。此外，還有各種形式內容和形式的副禮拜。

三、齋功。即齋戒。每年伊斯蘭教曆的九月爲當年齋月，在齋月期間，每個成年穆斯林必須要齋戒一月，每天從日出前到日落要止飲禁食，以清心寡慾，專事眞主。伊斯蘭教齋戒很多，其中最主要的是天命齋，即封齋，這是一切健康的成年男女穆斯林必須恪守的齋戒。但伊斯蘭教並不認爲齋戒越多越好，相反還規定了一些被嚴格禁止的齋戒。伊斯蘭教認爲，通過齋戒可以使人們學會節制，磨練意志，清心寡慾，忍饑耐餓，防止罪惡發生，維護安寧的社會秩序。同時，齋戒又是負疚者向阿拉表示懺悔和贖罪的一種方式。

四、課功。課功即所謂「阿拉的法度」，又稱天譚制度。也可以說，它是一種以阿拉的名義而徵收的宗教賦稅。最初僅是作爲一種自由施捨的慈善行爲受到提倡，穆罕默德遷徙到麥迪那的第二年規定，繳納天課是每個穆斯林必須履行的「天命」，被列爲「五功」之一。穆斯林個人財產達到一定數量時，就應交納一種名爲天課的宗教稅。教義認爲，窮人是眞主

的眷屬，把資財施捨給窮人，就等於納入眞主之庫，故名爲天課。伊斯蘭教認爲，透過交納天課，可使自己的心靈和財富變得更爲潔淨。

五、朝功。即朝覲。就是到麥加朝覲天房——克爾白聖殿。伊斯蘭教規定，每個穆斯林，只要身體健康、經濟條件許可、旅途平安，一生中至少要到麥加朝覲一次。完成朝覲功課的穆斯林，可獲得「哈吉」的榮譽稱號。除麥加外，麥迪那和耶路撒冷也是伊斯蘭教的聖地。朝覲在回教曆十二月九日至十二日之「天朝」或「正朝」。朝覲的主要儀式包括受戒，進駐阿拉法特山，巡禮克爾白，奔走於薩法與麥克臥山之間和宰牲等。另外，十二月九日進駐阿拉法特山是朝覲者必須集體參加的大典，否則朝覲無效。除朝覲季節外，隨時進行的朝覲活動稱爲副朝。

伊斯蘭教的儀式和節日

伊斯蘭教的主要節日有開齋節（伊斯蘭教曆十月一日），古爾邦節（伊斯蘭教曆十二月十日）。

一、開齋節。開齋節是伊斯蘭教的重要節日，即回曆九月全月齋戒結束時，於十月初舉行的慶祝開齋儀式。主要活動有：上午舉行會禮，會禮前沐浴盛裝，並按規定進行施捨；會禮結束時互道「色蘭」，表示節日祝賀，然後依禮俗宴賓客，互贈節日食品。有的穆斯林在家誦讀《古蘭經》，祈求阿拉賜福；有的遊墳地誦經紀念亡人。新疆地區突厥語系穆斯林稱之為「肉孜節」，作為民族習俗舉行歌舞慶祝。

二、古爾邦節。古爾邦節也稱宰牲節、忠孝節，是穆斯林舉行獻禮、宰牲獻主的重大節日，是伊斯蘭教朝覲儀式之一。據傳說，古代先知伊卜拉欣晚年得子伊斯瑪爾，當其十三歲時，阿拉「啓示」伊卜拉欣宰子奉獻。伊卜拉欣謹遵不違，兒子也毅然從命。當父子正要在米那山谷執行「啓示」時，天使奉真主之命送來一隻綿羊作為伊斯瑪爾的替身。據說，此日是回曆的十二月十日。阿拉伯人為紀念伊卜拉欣父子為阿拉犧牲的精神，便在此日宰牲。遷徙第二年，穆罕默德將此日定為古爾邦節，凡朝覲者都要在米那山谷宰牲（羊、牛、駱駝），未參加朝覲的穆斯林也要舉行會禮、宰牲。在中國，古爾邦節已成為信仰伊斯蘭教的回、維吾爾、哈薩克、東鄉、柯爾克茲、撒拉、塔吉克、烏茲別克、保安、塔塔爾等十個民族共同的民族節日，除會禮、宰牲外，慶祝形式多種多樣，互有異同。

伊斯蘭教的典籍

一、《古蘭經》

《古蘭經》是穆罕默德宣布的「阿拉啓示」的彙集，是伊斯蘭教唯一神聖的經典，是伊斯蘭教信仰及宗教制度的源泉，是伊斯蘭教以及伊斯蘭國家立法的根本原則，是指導穆斯林社會生活及個人利益行爲的最高準繩，也是伊斯蘭世界各種學說和思潮的出發點及理論依據。對於穆斯林來說，《古蘭經》是眞主的語言，享有崇高地位，十分珍重。

《古蘭經》的主要內容包括穆罕默德在傳教期間與阿拉伯半島的多神教徒及猶太教徒鬥爭的記述；闡發以信仰阿拉、反對多神崇拜爲中心的宗教哲理、宗教制度和禮儀；針對當時阿拉伯社會的狀況提出改革社會的各項主張，以及爲宣傳伊斯蘭教而引述的一些有關古代先知的故事傳說等。

「古蘭」，是阿拉伯語的音譯，原意是「誦讀」、「讀本」，中國舊稱「天經」、「寶命眞經」等。根據伊斯蘭教的說法，它是阿拉通過哲布勒伊來天使「啓示」給穆罕默德的天啓經典。相傳，穆罕默德自幼未曾讀書識字，而能傳述絕妙的《古蘭經》，乃是阿拉選中他當使者而顯現的一大奇蹟。其實，這是穆罕默德在二十三年傳教過程中以阿拉「啓示」名義發表的言

論，經後人彙集編成經卷。起初，這些言論由穆罕默德的弟子們零散地記載在獸皮、骨片、棗椰葉、石板上，有的則加以背誦熟記。穆罕默德逝世後，第一任哈里發阿布·伯克爾開始令人搜集整理，輯繕保存，到第三任哈里發奧斯曼時，聆聽過或能背誦的弟子相繼過世或戰死，在讀法和釋義上各地也眾說紛紜，於是奧斯曼組織專人統一各地經本，並加以編纂訂正，謄經抄錄，除麥迪那保存一部外，其餘相同的六部分送哈里發國家的六個地區，同時銷毀各地其他傳本。這部最後的「奧斯曼定本」《古蘭經》流傳迄今，世界上現已有四十餘種語言文字的譯本。

《古蘭經》共計三十卷，一百一十四章，六千兩百餘節。各章長短不一，最長的有兩百八十六節，最短的僅三節。它的編排，既不按內容分類，也不按時間順序，大體上長章在前，短章在後。在麥加頒示的爲麥加篇章，約佔全經的三分之二，多以教理爲主題，短小而激昂；麥迪那時期頒降的爲麥迪那篇章，約佔全經的三分之一，多爲教律和社會主張，篇幅長而平直。每章都有一個簡明的標題，與題材及章內提到的某一事物有關，也可能是經文中提到的某一個詞。《古蘭經》把論述政治、經濟等問題的麥迪那時期經文放在前部，多少反映了經文編纂者對社會問題的重視及統治者需要的迫切性。

穆斯林十分重視《古蘭經》的誦讀，認爲這是一種聖行。伊斯蘭國家的電臺和電視臺每天都安排一定的時間播放負有盛名的誦經家誦讀《古蘭經》。國際誦經比賽中的優勝者享有崇高的聲譽。在一些宗教學院裡還設有專門科系，培養高水準的誦經人才。

《古蘭經》使用的是阿拉伯語，其文字、文法、修辭、風格都成了阿拉伯語文的規範。《古蘭經》的章節內容大多意義明顯，但也有隱喻和暗示的，其意不經析解難以領悟；有些章節是以阿拉伯文字母開頭的，寓意玄妙。爲了使穆斯林及其子孫後代、新入教者能全面正確地理解和誦讀《古蘭經》，因此以《古蘭經》爲中心，推動了阿拉伯語文的學科和伊斯蘭教的各學科迅速發展，其中包括阿拉伯的文字學、文法學、修辭學、經注學、聖訓學、教律學、法理學、教義學等。《古蘭經》在阿拉伯文學史上和伊斯蘭文化史上都佔有極其重要的地位，是研究伊斯蘭教、早期阿拉伯歷史、文化及社會的一部經典文獻。

二、聖訓。聖訓是穆斯林心中僅次於《古蘭經》的伊斯蘭教經典，聖訓又名「哈迪斯」（阿拉伯語音譯，意為「言語」、「傳述」），指穆罕默德的言行錄。它記述了穆罕默德傳教過程中非阿拉啓示的穆罕默德的言論，連同他的種種舉止和活動。

起初，聖訓只是由穆罕默德身邊的家人和弟子們口傳，代代相傳，直到九世紀初，通過聖訓學家的鑒別、整理，最後完成聖訓的編纂工作。由於不同宗教上層和不同教派出於政治上和宗教上的需要，聖訓的傳達不僅數量繁多，且內容不盡一致，訛傳和假託皆有，爲此常爭論不已。八世紀始，研究傳述世系以鑒定內容的眞僞就演變成一個專門的宗教學科——聖訓學。在各家各派的聖訓集中，最爲遜尼派穆斯林所推崇的是由布哈里、穆斯林、艾卜·達烏德、提爾米基、奈薩易和伊本·馬哲六人分別彙編的聖訓集，流傳頗廣，被遜尼派稱爲六大聖訓集。

伊斯蘭教的派別

一、遜尼派。遜尼派是伊斯蘭教中的主流派，俗稱主流派。什葉派分離出去後，大多數穆斯林承認既成事實，認爲哈里發是執掌政教大權的領袖，是阿拉使者的代理人，但與使者不同，不能立法，他們應出自古萊氏部落。他們承認阿布·伯克爾、歐麥爾、奧斯曼和阿里都是穆罕默德的合法繼承人——哈里發。

遜尼派認爲公眾所擁戴的哈里發除掌有相當君主的世俗權力外，其重要職責還在於保護伊斯蘭教的信仰。「遜尼」意爲「遵守遜奈者」，即遵循和仿效穆罕默德的行爲或道路的人，他們視穆罕默德的言行爲穆斯林生活及行爲的準則。在宗教上，遜尼派和什葉派皆遵奉《古蘭經》，但有各自的注釋，遜尼派和什葉派各有自己的聖訓集。遜尼派推崇六部權威性的聖訓集——《布哈里聖訓實錄》、《穆斯林聖訓實錄》及提爾米基、阿布·達伍德、奈薩儀和伊本·馬哲匯錄的四部聖訓集。在宗教禮儀上，遜尼派與什葉派大同小異。遜尼派的宗教思想是隨古蘭經注釋學、聖訓學、教法學、教義學的不斷發展而趨完善，並以艾什爾里的神學思想奠定基礎，十二世紀後著名伊斯蘭教神學家安薩里調和蘇菲主義和官方信仰，把各種傳統的、「唯理論」的和神祕主義的因素加以綜合，形成官方遜尼派正統的神學思想體系。由於遜尼派曾獲得歷代大多數哈里發和統治者的支持，被稱爲「正統派」。

二、什葉派

「什葉」是阿拉伯音譯，意爲「黨人」、「派別」，又譯作「十葉派」，是在穆罕默德逝世後爭奪繼承權鬥爭中逐漸形成的。主張出身於雜湊姆家族的阿里是唯一合法繼承人的人們，組成了「阿里黨」的政治集團。阿里與摩阿維亞在綏芬之戰中進行了妥協談判，哈瓦利吉派憤而出走，離開了阿里集團，而多數留下來的阿里黨成員後來便組成了宗教派別，這就是什葉派。因此，什葉派是繼哈瓦利吉派後形成的伊斯蘭教第二個宗教派別。

什葉派信奉的是伊瑪目教義，伊瑪目在阿拉伯語中原義是祈禱主持的意思。在什葉派中，伊瑪目代表人和眞主之間的仲介，有特別神聖的意義。《古蘭經》中的隱義，只有通過伊瑪目的祕傳，信眾才能知其奧意。

按什葉派教義，伊瑪目只能來自穆罕默德的家屬後代。阿里、哈桑、侯賽尼是全體什葉派共同信奉的最早三位伊瑪目，之後有多少伊瑪目各宗有不同意見。

當代什葉派內部分爲十二伊瑪目宗、五伊瑪目宗、七伊瑪目宗、阿拉維教派等分支。其中十二伊瑪目宗認定從阿里開始，總共有過十二位伊瑪目，前十一名逝世後，第十二名伊瑪目遁世隱沒，將在世界末日之前重現。而七伊瑪目宗以阿里的第六代後裔伊斯瑪儀爲宗，受新柏拉圖主義影響，建立了複雜的宗教哲學體系。以上每一宗派之下還分成多個分支。

什葉派廣泛分布於世界各地，但在個別國家非常集中，比如伊朗和伊拉克，佔其人口比例多達百分之八十九和百分之七十。在這兩個伊斯蘭人口大國附近的亞塞拜然人口百分之九十二是什葉派。

中國的穆斯林大多爲遜尼派，但也有一部分什葉派信眾。新疆帕米爾高原東部塔什庫爾幹地區的三萬塔吉克斯坦族人信仰什葉派的伊斯瑪儀派。新疆莎車有數百名十二伊瑪目派穆斯林，自稱是「喀什米爾族」，但中國政府認爲他們是維吾爾族的一部分。

中國穆斯林中什葉派很少，但什葉派的教義，如對阿里的崇拜，已經滲透到了其他遜尼派、蘇菲派之中。

伊斯蘭教的歷史

先知穆罕默德逝世後，由於他生前沒有留下關於繼承人問題的遺囑，因而引起教內上層爲爭奪繼任人的鬥爭。結果，通過推選，四位資歷深、威望高的穆罕默德的弟子和密友——阿布·伯克爾（632—634 年在位）、歐麥爾（634—644 年在位）、奧斯曼（644—656 年在位）和阿里（656—661 年在位）先後擔任了「哈里發」，成爲伊斯蘭教執掌政教大權的領袖。他們四位前後共統治了二十九年。

首任哈里發阿布·伯克爾迅速平息各部落的反叛，鞏固新政權，加強對阿拉伯半島的統治，同時建立了一支強大的軍隊，開始對外征戰和擴張。在伊斯蘭教旗幟下提高穆斯林的民

族和宗教意識，加強部族的聯合。

第二任哈里發帶領穆斯林們英勇作戰，在不長的時間內迅速擊敗了虛弱和疲憊不堪的拜占庭帝國及波斯帝國。六四〇年，攻佔了全部敘利亞、伊拉克、巴勒斯坦等地，六四二年，滅波斯薩珊王朝；同年，西進埃及，佔領亞歷山大港。

第三任哈里發奧斯曼又繼續西進，征服北非，並東征亞美尼亞，鎮壓波斯和呼羅珊的反抗。隨著軍事擴張，伊斯蘭教開始了第一次大傳播，由地區性宗教變爲世界性宗教。

哈里發國家的疆域擴展東至阿富汗，西抵埃及、利比亞。被征服地區的異教居民迫於政治和經濟壓力（非穆斯林須交人頭稅，穆斯林則免交；非穆斯林的土地稅要比穆斯林重一至二倍），多改信伊斯蘭教，當地上層份子爲維護自身的利益也紛紛依附阿拉伯統治者。在哈里發國家中，各種國家制度開始建立，並逐步完善。在新征服地，哈里發派出總督和稅務官進行管理，並保持著自己的軍事組織，迅速建立了新的統治秩序。與此同時，阿拉伯統治階級與被統治階級、各民族間問題不斷激化，四位哈里發除阿布·伯克爾外，其餘三位皆爲不滿的下層群眾所殺害。到阿里執政時，由於內部的權位之爭，公開出現了政治派別，並爆發了三次內戰。

六六一年阿里被刺後，倭馬亞族的敘利亞總督穆阿維葉被敘利亞等地的阿拉伯貴族擁立爲哈里發，建倭馬亞王朝（661—750年），將首都從麥迪那遷往大馬士革。哈里發從此改爲世襲制。

七世紀中葉到八世紀初，阿拉伯人從波斯繼續前進，在阿富汗建立了自己的統治，佔領了印度西北部，進入阿姆河以北地區，並征服了外高加索，控制了中亞的大部，勢力直達帕米爾高原。在北非，完全征服了馬格里布（意為西方，包括今突尼斯、阿爾及利亞和摩洛哥），消滅了拜占庭帝國在北非的殘餘勢力，使當地遊牧部落柏柏爾人很快地信奉了伊斯蘭教。七一一年，由柏柏爾人大量加入的阿拉伯軍隊渡過直布羅陀海峽，遠征西班牙的西哥特王國，不到十年便征服了整個庇里牛斯半島，當地群眾深受封建主和基督教會的奴役，渴望解放，視阿拉伯人爲解放者，進展比較順利。伊斯蘭教隨之傳入西南歐。七三二年，阿拉伯軍隊侵襲高盧西南部，普瓦提埃一役，阿拉伯軍隊被打敗，至此再也未能越過庇里牛斯山脈，進一步征服歐洲的勢頭受到阻遏，伊斯蘭教在西方的大規模傳播從此停頓。這是伊斯蘭教的第二次大傳播。

八世紀中葉，是伊斯蘭教國家封建制度成熟的時期，阿拉伯帝國最後形成，其疆域東起印度河流域，西臨大西洋，北至裡海，南抵尼羅河，是一個橫跨歐、亞、非三洲的大帝國。

十世紀末，哈里發國家出現了三足鼎立的局面，即中國歷史上所謂「黑衣大食」（750—1258 年巴格達的阿巴斯哈里發王朝）、「綠衣大食」（909—1171 年埃及開羅的法蒂瑪哈里發王朝）、「白衣大食」（756—1031 年西班牙倭馬亞哈里發王朝）。

這一時期，在醫學、數學、天文學、化學、地理學、哲學、文學、歷史學等學科人才輩出，成就輝煌。伊斯蘭教的宗教學術如教法學、古蘭經學、聖訓學、教義學都有了較大發展，在神學和哲學領域中鬥爭十分激烈，以安薩里爲代表的神學家把神祕主義的蘇菲派思想引入正統信仰，成爲伊斯蘭教正統派神學/哲學的最終形式。

十三世紀中葉，小亞細亞的奧斯曼土耳其人逐漸興起。他們早已皈依伊斯蘭教，並不斷擴張勢力。一四五三年，經過五十三天的圍城苦戰攻陷君士坦丁堡，滅拜占庭帝國，君士坦丁堡改名爲伊斯坦布爾，成爲奧斯曼帝國的都城。奧斯曼土耳其人很快佔領了拜占庭的殘餘領土，到十五世紀末征服了小亞細亞各地，幾乎佔領了整個巴爾幹半島。十六世紀，奧斯曼帝國在東、兩方面都進行了擴張，東部勢力直達亞美尼亞和格魯吉亞一帶；西部幾度進軍匈

牙利，威脅西歐。南面，奧斯曼人佔領了阿拉伯半島和埃及，並沿非洲北部海岸向西推進。從蘇丹塞里姆一世始，奧斯曼帝國的君主自稱哈里發，雄踞伊斯蘭世界首腦的地位。蘇來曼一世（1520—1566年在位）統治時，奧斯曼帝國為鼎盛時期，其疆域囊括昔日拜占庭帝國和阿拉伯帝國的大部地區，成為橫跨歐、亞、非三大洲的封建軍事采邑大帝國。此後，由於帝國統治者的瘋狂掠奪和腐敗，帝國內各種危機加深，民族衝突日趨嚴重，向外軍事征服節節失利。人民起義不斷，各省紛紛宣布獨立或半獨立，帝國愈益衰敗。

一七九八年，法國拿破崙一世率領的侵略軍佔領了埃及，奧斯曼帝國成為歐洲列強的角逐場。歐洲列強為「瓜分奧斯曼遺產」而進行了長期爭鬥，導致奧斯曼帝國的徹底崩潰。

伊斯蘭教早期的傳播雖然與阿拉伯帝國的擴張有一定的聯繫，但並不受帝國興衰的影響。把伊斯蘭教的傳播與發展說成是靠武力推行的結果，這是不正確的，也是不符合歷史事實的。《古蘭經》中提到宗教無強迫，反對以武力強加信仰於他人。十世紀後，伊斯蘭教在非洲、亞洲和東南歐廣泛的傳播，通常是透過商業和貿易活動、文化交流和人員的交往。在東非，伊斯蘭教沿蘇丹和尼羅河漸漸向東傳入內地，迄十三世紀，索馬里及索馬里以南的東非沿海地區和海上許多島嶼的居民接受了伊斯蘭教；在西非和中非，穆斯林商人、學者和蘇

菲教士穿越撒哈拉沙漠，把伊斯蘭教傳入內地的部族。十三世紀末，定居在中亞的蒙古人後裔普遍信仰了伊斯蘭教。十四世紀後蘇菲派教士透過他們的足跡，把伊斯蘭教信仰傳播到中亞的哈薩克和南亞次大陸的孟加拉等地區。

歷史上著名的陸上和海上絲綢之路，把中國和阿拉伯聯結起來，在絲綢之路上阿拉伯、波斯和中亞各族的穆斯林商人、友好使者絡繹不絕，透過他們把伊斯蘭教傳到了中國。十三世紀末，西印度古吉拉特的穆斯林商人首先把伊斯蘭教帶到了印尼的群島，到十七世紀左右，伊斯蘭教在印尼和馬來半島已取得優勢。在十四、十五世紀，伊斯蘭教也傳到了菲律賓南部，在西班牙入侵菲律賓之前，蘇祿和棉蘭老都曾建立過政教合一的伊斯蘭教蘇丹國。

伊斯蘭教的傳播在亞、非兩洲進展較快，比較順利，但在歐洲情況就不太相同。八世紀阿拉伯人征服伊比利亞半島後，伊斯蘭教在該地一度得到較大發展，到十五世紀末，半島居民發動強大的武力反抗，阿拉伯勢力被逐出，當地居民大都恢復了對基督教的信仰。至於伊斯蘭教透過穆斯林移民、勞工、商人傳入西歐和北美並取得較大進展，那已是本世紀、特別是近幾十年的事了。

伊斯蘭教在中國

伊斯蘭教是從唐代傳入中國的，至今已有一千三百多年的歷史。具體傳入時間的說法，在學術界雖不完全一致，但唐代從貞觀到開元，百年盛世，陸上和海上交通發達，與西域各國來往頻繁。

據中國《新唐書》、《舊唐書》和《冊府元龜》等史書記載，唐永徽二年（651年），大食國王（哈里發奧斯曼在位）曾首次遣使來華，到長安後朝見唐高宗，介紹了哈里發國家及伊斯蘭教情況。其後一百四十八年間，阿拉伯國家不斷有正式使節來華，見於記載的就有三十七次之多。他們帶來了許多貢物，唐朝廷則優禮厚待。在阿拉伯使節來華的前後已有不少穆斯林商人來到中國。當年長安有西市，內有「波斯邸」和「胡店」，足見人數已相當可觀。海上交通雖歷艱險，但可免陸上通道受人爲因素的阻斷，經年通暢，更具優越性。

八世紀中葉阿巴斯朝興起後，阿拉伯人從事東、西方海上貿易十分活躍，來華「蕃客」逐年增多，其中許多穆斯林留華不歸，聚居於通商口岸的「蕃坊」內，並與當地居民通婚。他們保持著自己的生活習俗，推選出享有威望的人爲「蕃長」，領導進行宗教活動和調解穆斯林間的民事訴訟，後來還建有禮拜寺和公共墓地。

遞至宋代，中國和阿拉伯的交往——特別是海上貿易十分興盛——來華之穆斯林有增無減。北宋初期，爲加強對外貿易管理，朝廷先後在廣州、杭州、明州（今寧波）等港口專設「市舶司」。至南宋時，國庫空虛，朝廷歲入的一個重要來源取自市舶之利。有一些在華的大食商人家資雄厚，不僅握有經濟實力，且社會地位較高，影響擴大，爲伊斯蘭教的傳播客觀上提供了有利條件。

隨著伊斯蘭教在中國的傳播和發展，唐宋時期在穆斯林居住的東南沿海一些地方已出現了清眞寺。東南沿海地區是中東穆斯林經海上「絲綢之路」最早來到的地方，廣州懷聖寺、泉州清淨寺、揚州仙鶴寺、杭州鳳凰寺是中國穆斯林先民遺留下來的四座古老清眞寺。它們大約興建於唐宋年間，是舉世聞名的海上「絲綢之路」的珍貴文化遺產。這裡曾發掘整理出大量歷史文物，是早期阿拉伯穆斯林來華經商、傳教的佐證。

西元十三世紀初，成吉思汗率蒙古軍西征，並在征服和統一中國的過程中，調集了一部分由各族人民組成的「西域親軍」東來，親軍中有很大一批是信奉伊斯蘭教的阿拉伯人、波斯人和中亞各族人。他們當中不少人是軍士，也有工匠和學士，平時就地屯聚牧養，分駐各地，尤以西北爲多，部分居處中原和江南各地。他們初來時大多不帶家眷，定居後與當地各

族婦女通婚，伊斯蘭教也隨之遍布於中國廣大地區。元時，陸上「絲綢之路」和海上「香料之路」暢通無阻。從事各種職業的穆斯林從阿拉伯、波斯和中亞紛沓而至，留居在沿海和內地大都市。穆斯林人口急劇增加，並遍及全國，漸漸形成「大分散，小集中」的地域特點，故有「元時回回遍天下」之說。

元朝末年，爆發了大規模的人民起義，許多穆斯林積極回應和參加。在朱元璋的起義軍中有常遇春、胡大海、藍玉、沐英等著名回族將領，許多穆斯林成爲明朝的開國功臣。明朝統治者對穆斯林採用懷柔政策，一方面，讓一些穆斯林在朝廷任職，皇帝還敕建清眞寺。明太祖特令回回太師爲翰林院編修、翻譯伊斯蘭教經籍。明朝太監、著名航海家、雲南回族人鄭和曾率船隊七次「下西洋」，訪問了亞、非三十多個國家，爲中、阿人民間友好往來與文化交流作出傑出貢獻。另一方面，實行同化政策，不許蒙古色目人「與本類自相嫁娶」，但回回與外族人通婚，無論是男娶或女嫁，客觀上是使回回人口大量增加，改宗的漢人數量也不少。明代三百年間，通過共同勞動與生活，在民族自然融合的基礎上，回回逐漸形成了回族，成爲中華民族大家庭中新的一員。作爲回回共同信仰的伊斯蘭教在回族形成過程中，扮演著重要的角色。

從十三世紀至十七世紀，生活在中國西北地方的撒拉族、東鄉族、保安族相繼接受了伊斯蘭教。伊斯蘭教在中國一個相當長的時期內不存在明顯的教派分野，絕大多數穆斯林屬遜尼派。回、撒拉、東鄉等族穆斯林大多數是「格底木」，意爲「古老」，又稱「老派」，嚴格恪守伊斯蘭教的基本信仰和各項宗教功課，重視因襲傳統和遵行宗教習俗。教法上，遵奉哈乃斐法學派，反對標新立異，對其他教派持寬容態度。他們在聚居區內以清眞寺爲中心，實行互不隸屬的教坊制，各坊自成一體。教坊內的教務管理採取教長（或阿訇）聘請制和伊瑪目（彰長）、海推布（協助教長主持寺內各項宗教活動的教職）、穆安津（清真寺的宣禮員）三掌教制。由坊內穆斯林公推「鄉老」（亦稱「社頭」、「學董」）組成清眞寺董事會，決定對教長的聘任和管理寺產、籌辦宗教活動等事務。清眞寺和宗教活動經費主要來自本教坊教民的捐助或攤派。有些較大的教坊，在大寺下設小寺，其掌教由大寺委派。

明清時，有的大寺還專設穆夫提，調處坊內民事訴訟。教坊制促進了寺院經濟發展，加速了穆斯林社會的分化。伊斯蘭教傳入中國後，在宗教文化領域中，自明末清初起出現了具有中國特色的寺院經堂教育和漢文譯著活動，推動了中國伊斯蘭教學術的發展。在譯著上述大量伊斯蘭教經典過程中，有些學者汲收和採用了儒、釋、道諸家的某些思想素材及概念、語詞，並加以融會和改造，創立了具有中國特色的伊斯蘭宗教哲學體系。他們在闡發伊斯蘭

教理時，「悉本尊經」，不可避免地受到蘇菲主義典籍的影響，因之蘇菲神祕主義思想在譯著中有所反映。穆斯林學者在思想文化領域中的這些活動，推動了中國各民族文化思想的交流，豐富了中華民族的文化寶庫。

伊斯蘭教在中國主要是遜尼派，在回、維吾爾、塔塔爾、柯爾克茲、哈薩克、烏茲別克、東鄉、撒拉、保安等少數民族一千七百多萬人口中，絕大多數信仰伊斯蘭教。中國穆斯林大多數聚居在新疆維吾爾自治區、寧夏回族自治區，以及甘肅、青海、雲南等省，其他各省、市也有分布。

一九五三年五月十一日，中國伊斯蘭教協會在北京成立。中國伊斯蘭教協會是中國穆斯林全國性的宗教團體。其宗旨和任務是：協助人民政府貫徹宗教信仰自由政策，發揚伊斯蘭教優良傳統，愛護祖國，團結伊斯蘭教人士和各民族穆斯林群眾積極參加祖國社會主義建設，發展各國穆斯林的友好聯繫和友好往來，維護世界和平，搜集整理伊斯蘭教史料等。最高機構爲全國代表會議。

二〇〇一年四月二十三日，中國伊斯蘭教教務指導委員會在北京成立。該委員會爲中國伊斯蘭教協會的專門委員會，由愛國愛教、德高望重、代表中國伊斯蘭教最高宗教學識和經

學水準的大阿訇、大毛拉組成。其宗旨和任務是：在法律和政策範圍內，依據伊斯蘭教經典，對伊斯蘭教教義教規作出權威性、符合時代發展要求的準確解釋，編寫講經範本，提高伊斯蘭教教職人員水準，規範講經內容，反對利用伊斯蘭教發展宗教極端主義，積極引導伊斯蘭教與社會主義社會相適應。

道教

道教

道教發源於中國，至今已有一千八百多年歷史。中國現有道教宮觀一千五百餘座，乾道、坤道兩萬五千餘人。

一九四九年以後，中國大陸在北京白雲觀成立道教徒的群眾組織「中國道教協會」，「文革」中受到衝擊，終止活動。一九八〇年，「中國道教協會」重新開始活動，各地道教宮觀逐步恢復。推動和開展道教工作，被列為中國道教協會的重要工作之一。該會主辦的《中國道教》季刊已發行。近年來，道教的「天人合一」的思想、宇宙觀日益受到重視，並引起了歐美人士的興趣。

道教的起源

中國道教正式形成有組織的宗教，是在西元二世紀初的東漢末年。但是，它的主要信仰可以追溯到西元前數十個世紀的中國遠古時代。一般認爲，中國道教的信仰內容主要來自三個方面：一是產生於中國原始社會後期的自然崇拜和祖先崇拜；二是出現於中國西元前八世紀至西元前三世紀春秋戰國時期的神仙之說和方士方術；三是盛行於中國西元前二〇二年至西元後二二〇年的漢代黃老思想。

一、中國原始社會後期的自然崇拜和祖先崇拜。道教是一種多神崇拜的宗教，這種多神崇拜是由生活在中國這塊土地上的最早居民流傳下來的。所謂的自然崇拜和祖先崇拜，就是對大自然神靈和對本民族死去先人的信仰。根據考古發現，中國人的祖先最早產生宗教意識大約是在西元前十萬年至五萬年的舊石器時代晚期。一九三三年考古學家們在曾發現著名「北京猿人」頭骨的北京市周口店龍骨山山頂洞穴內發現了「山頂洞人」遺址，他們驚奇地發現山頂洞人在埋葬屍骨時，頭顱均朝同一個方向，屍骨旁還放有石製的紡輪、箭鏃等較精緻的陪葬物，同時撒了一些只有幾百里路以外才有的赤鐵礦粉。這說明山頂洞人已開始存在人死後將到另一個世界去生活的概念，而生活在更早年代的人類遺址中並不存在這種現象。

大量的考古發掘和遺存至今的中國古籍記載表明，自然崇拜的產生和中國古代居民較早從事農業生產有直接的關係。農業生產的好壞與豐歉，在當時生產技術水準極爲低下的情況下，完全有賴於自然條件的優劣。人們就認爲各種自然現象有各種神靈所掌握，大自然的一切現象都是有神靈掌握的。如果豐收了，是大自然神靈對人的恩賜；如果歉收，那就是大自然神靈對人的懲罰。由於天氣對農業生產至關重要，人們因此把天看成是至高無上的神。由於太陽給人帶來溫暖、光明，影響著白天與黑夜的更替，關係到一年四季春夏秋冬的變化，因此人民也特別崇拜太陽神。由此，擴大到對一切與農業生產有關的其他自然現象，如土地、月亮星辰、風雷雨電、山河湖海、草木鳥獸等等，也都加以崇拜。

祖先崇拜對於中國古代居民極爲重要，相傳古代中國的人們由於無法抵禦水災等自然災害，只能聯合起來，在傑出的英雄人物領導下抗禦災害，由此，祖先中傑出的英雄人物顯得特別重要，於是就形成了對祖先對英雄人物的特別崇拜，並希望能夠在任何困難面前，都得到他們的庇佑。傳說中的伏羲、女媧、三皇五帝，就是這樣的人物。後來，又將這種對祖先中傑出人物的崇拜，擴大到了對歷史上曾經出現過的一切具有傑出才能、對人類有過傑出貢獻以及個人品德優秀的人物，如帝王、大臣、將軍、醫生、慈善家等。由此，也造成了中國自古以來把尊敬長輩看成是做人的一項首要品德，提倡「以孝爲先」，極爲注重「孝道」。

同時，特別重視死人的埋葬，形成了用大量財物對死者進行厚葬的習俗。這種習俗一直延續到近代，並為考古發掘提供了極為豐富的資料。

到了西元前兩千年至一千年左右的殷商時代，人們已經從原始的圖騰和自然崇拜發展到以「上帝」和祖先鬼神為中心的「敬天祀祖」。人們把認為能代表「天」的意旨、具有至高無上權威的神靈，稱之為「神」；對宗族祖先或對本族有功死去的鬼魂，稱之為「鬼」；對專事通鬼神的人，稱之為「巫祝」。大量發掘出土的甲骨文說明，當時人們在進行征戰、祭祀、狩獵和耕作等重大活動之前，以及預測年成豐歉、生男生女、凶吉禍福、天氣旱澇、用人畜的多寡等，都要在龜甲獸骨上占卜，請命於上天，可見對自然的崇拜之盛行。

取代殷商王朝的周王朝，繼續沿襲了殷商時代對鬼神的崇拜，神權與王權更為緊密地結合在一起，皇帝不僅是要聽命於「天」，更進一步認為皇帝就是「天神之子」，是代表「天神」來統治和管理世間的，而且制定了一套嚴格的祭祀「鬼神」的制度，規定只有天子(即皇帝)才可以「遍祭群神」，各地諸侯可以「祀天地、三辰及其土之山川」，一般百姓則只能祭祀他們自己的祖先。中國古代流傳下來的古籍中，關於頌揚天神、祭祀鬼神的各種制度以及認為由於人冒犯了鬼神而受到疾病或災難懲罰的記載，十分普遍。

二、春秋戰國時期的神仙之說和方士方術。神仙之說是從古代自然崇拜和祖先崇拜的基礎上逐漸形成的。所謂「神仙之說」，不僅僅認爲人類生活的環境，包括天體、自然界、自然現象，以及人類死去的祖先具有神靈的存在，而且更進一步認爲人們可以尋找到使人不死的藥物，藉由服用這種「仙丹」，凡人也可以修煉成「長生不死」並具有「超人」能力的神仙，從此過著毫無約束與牽掛、想要什麼就有什麼的幸福生活，自由自在地行動於天上與人世間。

大約到了中國的戰國時期（西元前 475—西元前 221 年），這種神仙之說已經十分盛行，我們可以從當時生活在中國北部和中部各諸侯國家的著述中看到大量關於神仙的種種描述。例如在《莊子》中，莊周把神仙稱之爲「神人」、「至人」、「眞人」等，他在《莊子．逍遙遊》裡這樣描述：

「藐姑射之山，有神人居焉，肌膚若冰雪，淖約若處子，不食五穀，吸風飲露，乘雲氣，御飛龍，而遊乎四海之外。」

著名的中國古籍《山海經》中描述了在中國西北地方，有一個叫「昆侖」的山，說那裡有壯麗的宮殿、精美的花園，各種奇花異木、珍禽怪獸，還有來自「神泉」的水，人飲後，可以長生不死。由於「神仙之說」的盛行，爲了適應王公貴族們尋找「神山」和「不死之藥」的願望，社會上出現了一批自稱能預測未來、通過觀察天象預知人生，以及能夠知道通往「神山」之路、能尋找到或能製造出不死之藥的人，在中國歷史上把這些人稱之爲「方士」，而把他們所宣揚的種種「超人」技能稱之爲「方術」。

最初，方術和方士的定義十分廣泛，因爲當時人們還不能完全識別科學技術與追求「長生不死」神仙境界、占卜未來的神仙術、相術之間的區別，曾錯誤地把早期的天文學、占星術、化學、冶金術、醫術、製藥術等等認爲比較新奇的學術與技能統統歸結爲「方術」，把從事這些職業的人也統統稱之爲「方士」。但是，中國史書所記載的「方術」和「方士」，最主要的還是指尋求成爲神仙、找到不死之術，以及那些自稱能找到神山、尋訪到或能製造不死之藥的人。方士中較著名的有萇弘、彭祖、榮成、徐福、李少君、欒大等，特別是徐福出海尋找神山的故事更是在中國和日本家喻戶曉。相傳徐福是秦時（西元前 221—西元前 206 年）方士，秦始皇爲了尋找長生不死之藥，聽信徐福的話，選了童男童女數千人，由徐福帶領出海去找蓬萊等三神山，結果一去不歸，成爲千古之謎。

道教繼承了人可以藉由服藥成爲神仙的說法，把神仙信仰作爲自己的基本信仰加以發揚，並於後來逐步發展成以「外丹」、「內丹」等爲主要內容的一整套獨特的宗教修煉方法。

三、漢代的黃老思想

如果說道教的信仰特徵承襲了古代中國的自然崇拜、祖先崇拜以及春秋戰國時期盛行的神仙之說，那麼道教的主要宗教理論則來自於道家思想和黃老之學。道家思想是漢代（西元前 206 年—西元 220 年）以後人們對由老子和莊周所創立哲學派別的一種稱謂。

老子和莊周都是春秋戰國時期的哲學大師。史書記載，老子大約生於西元前五七〇年左右，楚國苦縣人，原姓老，名耳，字聃。因古時「老」與「李」同音，變爲姓「李」。相傳他曾擔任過周代的史官，晚年因看到周王朝的衰敗，辭官而隱居。莊周是老子學說的主要繼承者，生卒年月已無法考證，大約是西元前三五五年至二七五年。這種哲學思想是以老子提出的「道」爲核心的思想體系，認爲「道」是宇宙萬物的本體，同時也是宇宙萬物的本源。老子在他的著述《道德經》中說：

「道先天地生，獨立而不改，周行而不殆，可以爲天下母。」

「道」是視而不見，聽而不聞，沒有固定的形體，超越人們的感覺和知覺，但又是永恆的，是宇宙間一切事物和現象產生的總根源。莊周後來進一步發揮了老子的哲學，提出「道」並非想像中的產物，是自古以來始終存在的，雖然人們不能直接感知，但它是無所不在的。莊周在其著述《莊子》中認爲「道」具有永恆性和無限運動性，而世間萬物則只有暫時性。然而，世間萬物的生死變化卻又以各自的狀態體現了「道」的規律性。他把老子提出的「道常無爲而無不爲」進一步具體化，說因爲「道」的本性是「上善」（極善良的），只是在自然狀態下化生了世間的萬物，毫無居功之心，體現了「道」的「不爲」（什麼事都沒有做，也不主動去做）；但是，世間萬物在自然狀態下的無窮生化，這一事實又體現了「道」是「無不爲」（什麼事都能做，而且都是由它來完成）的。他還認爲，由於「道」是無所不在的，「道」與人的精神也是相通的，人的精神變化同樣體現了「道」的規律性。由此得出人與世間萬物同樣是相通的，「天地與我並生，萬物與我爲一」的結論。

老子思想與黃帝聯繫起來，是由戰國時代設於齊國國都臨淄（今山東淄博）稷門地區的一個稱之爲「稷不學宮」的學術團體中的一些學者開始創導的。所謂「黃老學派」，是宣揚黃老思想的學派的總稱。他們尊黃帝和老子爲該派的創始人，把黃帝和老子相提並論，作爲宣揚道家思想的旗幟，同時卻融合了儒家、墨家和法家的思想內容。主要著述有《伊尹．九主》、

《黃帝四經》等，在這些著書中許多內容承襲了老子《道德經》的論述，進一步發揮了人的活動與大自然天地四時的聯繫，有的還提出了「君無爲而臣有爲」的政治主張。

到了西漢初年，因爲長期戰亂，全國經濟受到極大破壞，爲了恢復經濟，讓百姓休養生息，張良、曹參等一批政治家都極力主張以黃老思想治理國家，陸賈在他的著述《新語・無爲》中認爲，「道」的最大特點是黃老所主張的無爲。他總結歷史教訓說：「上古時代的虞舜和周代初年的周公治理國家，表面上看似乎是無所作爲，但實際上能使天下治；秦代的秦始皇以暴政和強兵威震天下，到頭來卻失去了天下。」著名史書《史記》曾記載了曹參在齊國作宰相，把熟知黃老之學的蓋公尊爲上賓，以黃老思想來治理齊國，使齊國安寧富強，被稱爲「賢相」。文帝、景帝（西元前 179—前 141 年）時代，都以黃帝、老子所宣導的清靜無爲精神治理國家，生產力得到較快的發展。因此，漢景帝時，竇太后對黃老思想特別推崇，景帝、太子和皇親國戚都經常閱讀黃老思想的著作，可見黃老思想在當時社會上之盛行。

黃老思想成爲神仙信仰的理論依據，則是從景帝的兒子武帝繼位以後開始的。漢武帝崇尚儒學，同時篤信神仙之說。宣揚神仙之說的神仙家們爲了與儒學相抗衡，需要建立自己的一套理論體系，於是很自然的找到了黃老思想。一方面當時黃老思想十分盛行，爲人們所推

崇，而其中又有許多和神仙之說相似的詞句，如《道德經》中所說的「長生久視」等可以變通使用；另一方面，也只有黃帝和老子生活的年代和歷史地位，才能與儒學所推崇的堯舜、孔子相媲美。由此，黃老思想逐漸被利用來作為神仙之說的主要理論依據，兩者不斷被神仙家們揉和成一體，並進一步發展和系統化，成為一個獨立於道家哲學思想的宗教思想體系，身為古代先哲的老子也因此被神仙家們供奉為神仙。

東漢時（25—220 年）老子已經與傳入中國不久的佛祖釋迦牟尼一起，為人們所供養。《後漢書．祭祀志》說，漢桓帝劉志信奉神仙，延熹八年（165 年）專門派人到老子的故里河南省苦縣祭祀老子，第二年又親自在濯龍的地方祭祀老子。這個時候，人們已經把老子完全神化為「道的化身」，成為一位創造宇宙並與宇宙共存的、至高無上的天神。

但是，在西元二世紀之前，人們對於神仙只是停留在思想信仰上，雖然有崇拜的對象，卻還沒有形成特定的宗教組織；雖然已經有了比較完整的宗教思想，卻只是作為全民族信仰的一種內容與中國其他古老文化混在一起，與本民族其他思想文化的界限並沒有劃分得十分明顯。因此，還不能稱之為真正意義上的宗教。

一般認爲，中國道教成爲眞正意義上的宗教的主要標誌，是張道陵在四川創立「五斗米道」，和張角、張寶、張梁三兄弟在中原創立「太平道」。

漢代在中國歷史上是一個十分強大的政權，但是到了西元二世紀開始走向衰敗。中央政府的權力一再被大臣和皇帝親屬所掌握，駐守各地的將軍們相互爭戰，天下大亂，水旱災害不斷，土地荒蕪，饑民遍野。據史書記載，東漢永興元年（153年），全國約有三分之一的郡縣分別遭受水災和蝗災，致使數十萬戶農民傾家蕩產，流落他鄉。這種狀況使得社會衝突極爲尖銳，農民起義此起彼伏，常年不斷，僅安帝至靈帝在位八十餘年間，見於史書記載的農民起義就有近一百起。

在這種社會極爲動盪的年代，人們更加嚮往老子提倡的「無爲而治」思想，期盼它在實際生活中再一次能夠成爲現實；嚮往著擺脫種種困境去往美好的神仙之境，過上神仙一樣的生活；更加嚮往自己能夠成爲神仙。於是，早已十分盛行的「神仙之說」和黃老之學就更加被人們所接受，在社會上更加廣泛地流行。這一時期，一方面一些自稱能預知生死、「役使鬼神」、觀測天象以言人世的「超人」更爲活躍；另一方面，在民間不斷地流傳著各種版本的《太平經》，宣揚一個實現人人平等的所謂「太平盛世」即將到來。

據《漢書．李尋傳》說，最早出現的《太平經》被稱之爲《天官曆包元太平經》，由西漢末年成帝時齊國（今山東省境內）人甘忠可編撰。因爲該書內容中預言漢王朝即將滅亡，上天已經選派一個名叫「赤精子」的神仙來教導人們，如何建立一個太平的社會，以替代即將滅亡的漢王朝。因而甘忠可被官府以「假鬼神罔上惑眾」罪名，逮捕入獄。西漢最後一個皇帝哀帝時，甘忠可的弟子夏賀良等又因繼續傳播《太平經》，而被朝廷捕殺。到了東漢末年的順帝時，一部名爲《太平清領書》的《太平經》再次在民間出現。據《後漢書．襄楷傳》說，這是一個名叫于吉的人在曲陽泉上得到的一部「神書」。近代學者認爲，《太平清領書》很可能就是西漢末年的《天官曆包元太平經》，只是因爲經過了幾十年在民間祕密傳抄，在內容上有所增補和豐富。《天官曆包元太平經》和《太平清領書》，現在都已經失傳，只是在明代編撰的《正統道藏》中保留了它們的簡裝本《太平經鈔》。據史書記載，《太平經鈔》是唐末舒州（今江蘇省境內）道士閭丘方遠所著，他認爲《太平清領書》文字過於繁瑣，讀起來太不方便，於是把原來的每部十七卷縮寫成一卷，使原來的一百七十卷壓縮到十卷。因此，其主要思想內容仍然保留了原書的面貌。

我們可以從《太平經鈔》的內容中知道，首先，東漢末的《太平清領書》繼承了老子在《道德經》中宣揚的「道生一，一生二，二生三，三生萬物」的宇宙起源說，認爲「道」是宇宙

的本源，而且也是宇宙萬物的動力、主宰和歸宿。其次，宣揚「天人合一」和「天人感應」，認爲人世間的一切事與物，包括人一生中的生、老、病、死和處境的順、逆、禍、福，都是與天體的變化相通和相關聯的。第三，宣揚人可以長生不死、得道成仙，並提出了一套通過修煉達到長生不死和成仙的方法。這方面是《太平經鈔》中佔篇幅最多和講述最詳的內容。《太平經鈔》認爲，宇宙間人類可以分爲神人、眞人、仙人、道人、聖人、賢人、民人和奴婢各個層次，神人、眞人、仙人可以長生不死，人只要肯於修煉上進，都可以遞次達到最高層。關於修煉的方法，《太平經鈔》說，人的生命來自於「神」和「氣」的協調，互相依存。人要長壽不死，在於「守氣」、「合神」，將精、氣、神三者合一，稱爲「守一之法」。第四，在政治上主張人人平等，要求實現「太平盛世」。經文中有大量文字抨擊世道的不公，社會貧富不均，把那些「爲富不仁」者比作「倉中之鼠」，斥責他們「獨佔倉粟」而不顧他人死活。認爲這是因爲社會失去了「道」所致，主張治國之道應該「以民爲本」，說皇帝和大臣如果沒有了百姓就不能治理國家，所以皇帝和大臣應該日夜爲民操勞，關心百姓們的疾苦。書中還假借與神仙的一段對話，提出建立一個宇宙間天、地、人三者，國家中君、臣、民三者，以及家庭中父、母、子三者，都達到「三氣和」的太平盛世理想世界。

中國最早的道教組織就是從受《太平經鈔》影響很深的農民起義隊伍中產生的，其中以張道陵創立的「五斗米道」和張角、張寶、張梁三兄弟創立的「太平道」勢力最大。

道教的教義

道教以「道」名教，或言老莊學說，或言內外修煉，或言符籙方術，其教義就是以「道」或「道德」爲核心，認爲天地萬物都有「道」而派生，即所謂「一生二，二生三，三生萬物」，社會人生都應法「道」而行，最後回歸自然。

具體而言，是從「天」、「地」、「人」、「鬼」四個方面展開教義系統的。天，既指現實的宇宙，又指神仙所居之所。天界號稱有三十六天，天堂有天門，內有瓊樓玉宇，居有天神、天尊、天帝，騎有天馬，飲有天河，侍奉有天兵、天將、天女，其奉行者爲天道。地，既指現實的地球和萬物，又指鬼魂受難之地獄，其運行受之於地道。人，既指總稱之人類，也指侷限之個人，人之一言一行當奉行人道、人德。鬼，指人之所歸。人能修善德，即可陰中超脫，脫離苦海，姓氏不錄於鬼關，是名鬼仙。神仙，也是道教教義思想的偶像展現。道教是一種多神教，沿襲了中國古代對於日月、星辰、河海山嶽以及祖先亡靈都奉祖的信仰習慣，形成了一個包括天神、地祇和人鬼的複雜神靈系統。

道教奉太上老君爲至尊天神，否認這一點，就不是道教徒。大道生成宇宙及萬事萬物，也是道教最基本的教義。如《常清靜經》所說：

「大道無形，生育天地；大道無情，運行日月；大道無名，長養萬物。」

道教宗元於三寶君，故敬信三寶，即：元始天尊、靈寶三尊、道德天尊。道教以生爲樂，重生惡死，甚而追求長生不老，故而強調重生的教義。「天道循環，善惡承負」也是道教教義。總之，不論道教的教義多麼龐雜，其核心仍舊是神仙信仰。

道教的儀式和節日

道教儀式，除了日常的早晚功課，還有大型的功德法事，統稱爲「齋醮」。「齋」就是齊，祭祀之前，整潔身心；「醮」就是設壇修建祈禳法事。道教齋醮又可區分三類：黃籙、金籙、玉籙。黃籙，專用於超渡亡靈；金籙，除了超渡外，還包含延壽受生的內容；玉籙，專用於消災祈福，祈求國泰民安。道場以天爲計，有一、三、七、四十九天不等。

經過長期的發展，道教吸收了齋法後，逐漸發展而成三種齋：一是設供敬神活動本身稱爲齋，屬於設供齋；二是飲食有一定規則，屬於節食齋；三是去慾去思，一心向道，稱爲心齋。「齋」與「醮」都被道教作爲敬神活動，但兩者仍有區別。具體說，「齋」以懺悔爲主，目的是替亡人或自己向神懺悔罪過，以求拯救；「醮」以祈福攘災爲主。唐以後，兩者分界格局逐漸被打破。

在節日方面，道教以神、仙「誕辰」爲節日。每年農曆正月初九是玉皇大帝誕辰，正月十九是丘祖誕辰，四月十八日是碧霞元君誕辰等，屆時舉行齋醮，設壇誦經。四月十八碧霞元君誕辰，到泰山進香還願的香客眾多。三月二十八東嶽大帝誕辰，自宋、元時起，即形成大規模的廟會活動。清《岱覽》載，逢廟會時，岱廟「廟城宏敞，布幕連肆，百劇雜陳，肩摩趾錯者數日」。現廟會已演變爲大型文化經貿活動。

道教的典籍

道教的典籍編彙起來叫《道藏》，是彙集收藏道教經典及有關書籍的大叢書，也是瞭解、研究道教及其歷史的百科全書，又是研究中國古代學術思想、科學技術的重要著作。它是中國學術文化史富有重要價值的寶庫，其出處源於江西。

道教經籍主要是道教各派道士和道教學者所撰的，其中也有一部分是在道教產生以前就已經存在，而道教把它們作爲自己的經典，如先秦道家的《老子》、《莊子》；名家的《公孫龍子》；墨家的《墨子》；雜家的《管子》、《呂氏春秋》；漢代的《淮南子》等。後世出現的一些道經往往被神化，並冠以各種堂皇而神氣的名字，如「去篆」、「龍章」、「玉策」、「瓊笥」之類，或稱「出自然虛空之中，結氣成字」，或稱「忽有天書，字方一丈，自然現空」，或稱「神仙口授」等等，以強調經文的神聖性；一些道士的詩文紀傳也被列入道教經籍之中。

道教的派別

一、五斗米道。五斗米道的創始人張陵爲東漢順帝時人，原籍江蘇豐縣，客居四川，學道於鶴鳴山（或作「鵠鳴山」，相傳在四川大邑縣境內）中，自稱「天師」（後來道教徒稱他為「張天師」，「五斗米道」也稱作「天師道」），借託太上老君口授，造作「道書」，傳授道徒。據《後漢書·劉焉傳》、《三國志·張魯傳》等記述，因爲「從受道者，出五斗米」，所以人們稱其爲「五斗米道」。又說，其道首爲人治病，痊癒後病家要出五斗米，所以也稱爲「五斗米師」。五斗米道以《道德經》爲主要經典。張陵死後，其子張衡繼續行道，張衡死後又由其

子張魯繼之。經過張陵到張魯三代的傳道，又加上與地方軍閥勢力的結合，五斗米道在川北、漢中有很大的勢力。

據《張魯傳》載，張魯「雄據巴漢垂三十年」，影響十分大。在他把持的漢中政權中，他實行政教合一，「不置長吏，皆以祭酒為治」，即按宗教組織治理民政。張魯等把初學道者稱為「鬼卒」，把入道較久、「受本道已信」的道徒稱為「祭酒」，使他們「各領部眾」，而在其上又設有「大祭酒」，層層統領。這些祭酒在他們管理的範圍內要設立「義舍」、「置義米肉」，使「行路者量腹取足」。就這些情況看，「五斗米道」帶有一定的下層勞動人民要求互助的性質。但需要指出的是，張魯在漢中建立的政權還是依靠東漢朝廷和地方軍閥的，後來又投降了曹操，因此不可簡單視為「農民政權」。

二、正一道

正一道派是在「天師道」的基礎上，直接發展演變而成的一個道教宗派。西元三世紀中葉，經過多年戰亂的中原大地重新得到統一，「天師道」開始向兩個方面發展。一方面繼續在廣大貧苦農民中傳播，不斷成為農民反對壓迫與統治者抗爭的組織形式，出現過許多以道教名義發動的農民起義，其中最大的一次是發生在三世紀初的孫恩和盧循的起義。這些起義先後被官府鎮壓下去，道教在民間也逐漸失去了原有的影響。另一方面，許多

貴族也開始信仰「天師道」，他們到道教中來不是爲了尋求一個公平的社會，而更大的興趣在於尋求道教宣揚的神仙世界。大量的貴族和知識份子加入到道教中來，也把他們所需要的精神帶了進來。一些人著書立說，對道教信仰進行新的詮釋，對原教禮儀進行了整頓，使道教開始發生新的變化。其中最著名的道教改革家是東晉的葛洪（284—364 年）、北魏的寇謙之（365—448 年）、劉宋的陸靜修（406—477 年）、劉宋的陶弘景（456—536 年）。

葛洪的主要著述《抱撲子》，被後來道教界推崇爲最主要的道教理論著作之一。他把早期道教著重提倡的救世渡人精神，改變成更注重個人的渡世，在這部書中全力論證神仙的存在，宣傳人可以通過修煉成爲神仙，並詳細介紹了種種修煉和煉丹的方法。他還用儒家思想對道教神學進行新的詮釋，提出修道和儒家倫理道德是一致的，把儒家倫理道德規範言行也作爲人們修道成仙的一個必要條件。因而，受到了貴族和知識份子的歡迎。

寇謙之所處的年代正是南北分裂時期，他在北魏帝王貴族的支持下，自稱太上老君，太上老君賜予他「天師」的稱號，以及二十卷《雲中音誦新科之誡》，對原來北方天師道的教義進行大膽的改革，清理組織，制定宗教儀式中的樂章和戒律，整理原有的道教經典，在北魏當時的國都平城（今山西大同）創立了「新天師道」，實現了道教與封建皇權的結合，被稱爲「北天師道」。

陸修靜在南方，他主要是繼承了葛洪的理論，整理改造了原有的道教組織，並收集整理了大量的道教經籍，進一步完善了道教宗教儀式中的科儀，被稱爲「南天師道」。

陶弘景繼承了葛洪的思想，在《老子》和《周易》的基礎上，充實和發展了道教的宇宙生成論，是中國歷史上最早主張儒、佛、道三教合一的人之一。在他所撰的《眞靈位業圖》一書中，第一次把道教崇拜的各種神仙以等級進行了排位，構成了一個等級分明的龐大神仙系統，促進了道教理論的統一和系統化。

西元三六四年，東晉道士楊羲自稱得到女神魏夫人授予的三十一卷《上清眞經》，創立了道教上清派，該派以《上清經》爲主要經典，供奉「元始天王」和「太上大道君」爲最高天神，把「存思」作爲主要的修練方法，認爲通過「存思」，天地之神可以進入人體，人體之神與天地之氣相融合，人就可以長生不死，飛升成仙。這一派後來在江南的茅山得到較大發展。另有一部分道士把《靈寶經》作爲主要經典，被稱爲「靈寶派」。其主要信仰特點是宣揚要普渡一切人，特別重視道教科儀和齋醮，強調宗教的勸世渡人功能。這一派以閣皀山爲主要基地。

此外，道教經歷晉、唐、宋各代，在各地還形成了淨明派、神霄派、龍虎派、武當派、清微派等派別，這些道教的派別共存於世，相互借鑒，到了元大德八年（1304年），元代皇帝正式封張道陵第三十八代孫張與材爲「正一教主」，並統領全國道教。從這一年起，南北天師道、上清、靈寶等各道教派別都被通稱爲「正一道」。它們的共同特點是：以《正一經》爲主要經典，以符籙齋醮、替人招神降妖爲主要宗教活動，允許宗教人員娶妻生子，不需常住宮觀，宗教戒律不甚嚴格。

因此，正一道是中國道教發展到一定階段形成的、以龍虎山爲首領的各符籙派道教派別的總稱。在正一道中，有的道教派別至今仍保留有自己的信仰和儀式上的特徵，但有的派別逐漸失去了自己獨特的特徵，完全融入了其他道教派別。

三、茅山派

茅山派是南朝著名道士陶弘景所創。因爲是在茅山（今江蘇西南部）築觀修道，尊三茅眞君爲祖師而得名。三茅眞君相傳爲漢代修道成仙的茅盈、茅固、茅衷三兄弟，是道教茅山派的祖師，其中茅盈最先得道。北宋時，宋太宗、宋眞宗曾封他們爲「眞應眞君」、「妙應眞君」，統稱「九天司命三茅應化眞君」，後世稱之爲「三茅眞君」。

茅山派主修《上清經》等經書，奉元始天尊、太上老君、太上大道君、太微天帝君、後聖金闕帝君等爲最高神，主張思神、誦經、修功德，兼修辟穀、導引和齋醮。茅山派的代表人物除陶弘景外，隋唐時有王知遠、潘師正等。高士輩出，隱隱然有道教正宗之勢。北宋時與龍虎山、閣皀山同爲道教三大教派，元代以後歸併於正一道。

四、全眞派。全眞派也叫全眞教。創立於金代初年，創始人王重陽（1112—1169年）。王重陽道號重陽子，由於在山東寧海（今山東牟平）自題所居爲全眞堂，凡是入道者都稱全眞道士而得名。

全眞道教義受時代思潮影響，力主三教合一，以《道德經》、《般若心經》、《孝經》作爲信徒必讀經典，教導人「孝謹誠一」、「正心誠意，少思寡慾」等。全眞派早期以個人隱居潛修爲主，不尚符籙，不事黃白之術。王重陽死後，他的弟子馬鈺、丘處機等七人分別在陝西、河南、河北、山東等地繼續傳道，創遇仙、南無、隨山、龍山、崳山、華山、清靜七大派別，但教義和修煉方式並未脫離全眞道。後來，弟子丘處機曾被成吉思汗召見，賜號「神仙」，封爲「大宗師」，命其掌管天下道教，全眞道得到廣泛傳播。後又分南北二宗，元以後合流，至明清逐漸衰落。

道教的傳播和發展

一、道教在中國。道教始源東漢。東漢順帝以降，民間有多種以「道」爲名的宗教興起，其中最著名的是「太平道」和「五斗米道」。漢靈帝時，河北巨鹿有太平道崛起，十餘年間，徒眾數十萬，遍及青、徐、幽、冀、荊、揚、兗、豫八州，其領袖爲張角。

太平道後因釀成黃巾起義，被統治者殘酷鎮壓，太平道也因之受到沉重打擊，逐漸銷聲匿跡。由張陵創始而張魯推廣的五斗米道，由於張魯雄踞漢中三十年，實行政教合一，徒眾甚多，聲勢也甚大。張魯後來歸順曹操，與曹操關係密切，五斗米道得以繼續流傳，以後遂被視爲道教的正統。故後世論及道教的創始者，自然都認爲是漢順帝時的張陵，道教尊之爲張道陵天師。

漢朝末年，五斗米道主要在巴蜀、漢中地區流傳，已形成龐大的教團組織，建立有二十八「治」，主要傳布於巴蜀、漢中一帶。所謂「治」，或稱「廬」，或稱「靖」，或稱「靜室」，即致誠請禱之所。

五斗米道經張道陵、張衡、張魯三代的推廣，信徒遍布巴蜀漢中，聲勢高漲。漢獻帝建安二十五年（215年），曹操攻張魯，張魯舉漢中降，曹操很優待他，拜鎮南將軍。但曹操有鑒於黃巾風暴，對五斗米道教團也加以防範。由於曹操對張魯統治地域的分割控制，造成五斗米道原來的教團被打破，祭酒信徒分散於新地，其聲勢大減；可是在客觀上則促成五斗米道在北方江浙沿海一帶廣泛地流傳開來，使五斗米道成為全國性的宗教。同時，又由於曹魏統治者對著名五斗米道領袖及著名方仙之士採取明為優待、實為制約的政策，也使得這些奉道之士得以親近門閥貴族，達官貴人喜神仙方術者不少；又有一些著名文人，如嵇抗、王弼既好老莊之學，亦好養生之術，導致神仙方術與玄學結合，在魏晉時期便出現了為貴族服務的金丹道教和流傳於民間的上清道。

宗教義理方面，前者出現了由東晉葛洪建立的神仙道教理論體系，後者則出現了茅山的上清經籙。葛洪所說的道家，即神仙道教。其神仙道教理論體系，即體現於《抱樸子．內篇》，多方面論述神仙之存在、可信、可求，竭力推崇、闡揚金丹之能益人長生；而且對降布風雲雨霧、形成山川、驅逐鬼神與虎豹、水火不傷、寒暑不覺、騰雲遊空、分形隱形、千變萬化等各種方術都作了鼓吹。可以說他是集東晉以前神仙信仰及方術之大成者，將神仙學與方術納為一體，將道教丹鼎、符水從理論上納為一體，為後世道教確立了神仙道教理論體系。

東晉哀帝年間，五斗米道在江東已盛行，出現了以造作道書、傳達經法為首務的道教經籙派。這是流傳於民間的、以符籙為主的天師道向義理化演進的一次重大發展，促成了上清、靈寶、三皇經法的出現。

到了南北朝時期，道教最顯著的發展是北魏嵩山道士寇謙之改革五斗米道及南朝劉宋道士陸修靜提倡齋儀及整理道書，形成新的北天師道和南天師道。在南北朝時期，由於有不少士林中人皈依道教，他們以其文化素養勉力從事豐富和深化道教義理，以彌補道教重方術而疏於經義之不足。在佛道鬥爭已漸趨熾熱的南北朝，道教學者進一步向道家及玄學攝取營養，以豐富、精湛義理與佛學相抗衡，這也是必然的發展趨向。此派學說，為隋唐五代道教學者所繼承。

道教傳至唐代，便進入了鼎盛時期。由於唐代皇帝認「太上老君」李聃是其祖宗，以道教為皇族宗教或「本朝宗教」，有意扶持，因而道教在社會上、政治上處於優越地位，恃勢擴張教團。

在宋、遼、金、元四朝四百多年的時間裡，由於戰爭不斷，國家分裂，造成社會動盪，人民苦難，又由於統治者扶持、利用道教，所以爲道教的發展提供了社會條件。首先，在異族南侵中原的嚴重威脅下，宋眞宗、徽宗深感統治地位不穩，因而崇奉主要爲漢人所信仰的道教，幻想藉助神力以自佑和安定人心。其次，宋代也出現了陳摶、張伯瑞等一些煉養士與思想家，擺脫道教符籙鬼神等迂怪詭譎之談，而著重探求煉養益壽的理論與方法。第三，宋元之際，儒釋道三教交融的趨勢十分明顯。第四，南宋初，北方爲金朝所統治，金統治區出現了三個新道派，其一爲「太一道」；其二爲「眞大道教」；其三爲「全眞道」。全眞道在後世發展最爲廣泛，其弟子馬鈺、丘長春、王處一、孫不二等又各創道派，廣傳全眞道。其中，以丘長春所創全眞龍門派最盛，累代不衰。

明朝建立後，明太祖對道教實行檢束政策，控制其勢力的發展，防止宗教氾濫造成政治、經濟上的損害。明代道教基本沿繼宋元傳統，在義理方面，三教合一之風漸盛；在修持證道方面，內丹功法及行持戒律受到普遍重視。在明代，道教在經籍整理方面有突出的業績，這便是明《正統道藏》之編修。清代時，教崇佛教，對道教有加以限制的傾向，乾隆、嘉慶年間免除了道教領袖朝覲的榮譽，實際是切斷了朝廷對道教的支持，這對道教的聲勢及流傳，當然有不利的影響。

明清道教的另一發展趨勢是，由於社會上三教合一思想的犯濫，導致形形色色的民間會道門向道教靠攏，或吸取道教之修煉功法，或運用道教之經書、符咒，或奉道教之神仙爲祖師，造成社會在宗教信仰方面的混亂局勢，使道教與民間祕密宗教混淆不清，影響道教的正常傳播與發展，傳統道教呈現有漸次衰微的趨勢。

辛亥革命至新中國建立期間，上海、北京、瀋陽、西安、成都等地道教較爲活躍，其中以上海最爲突出。在當時，社會紛擾，政治腐敗，民間各界皆出現結社組織，道教中人也成立有鮮明社會性的結社組織，協力進行教務活動，同時也是團結對外，維護道教的尊嚴與利益。這類道教民間會社，一般具有教徒聯誼性、教內對話協調性、一致對外性。這類近代道教會社組織，起始於一九一二年。有名爲全國性會社的，有名爲道派性會社的，也有名爲地區性會社的。但大都因國民黨政府腐敗，時勢混亂，宗教社團得不到保障而旋生旋滅。只有到社會主義新中國建立後，道教徒享有宗教信仰自由的權利，道教社團得到法律的保障，道教在社會主義新時代才得到正常傳承，有了新的進展。

二、道教在臺灣

道教在臺灣。臺灣道教作爲中國道教的一部分，是隨大陸移民而從閩粵一帶傳入的。《臺灣通志》稱：「臺灣之道教來自內地，其與移民相始終。」因爲移民從大陸到臺灣開拓，

不僅帶來了農業和手工業技術，也帶來宗教信仰和民間習俗，從此道教就以民間信仰的形式在臺灣流行開來。大陸道士到臺灣，最早的記載是在唐代。而在唐代到清朝的期間內，最重要的時期是在明末清初鄭成功收復臺灣後，道教各派傳入臺灣，當時人們信仰的主要神靈是媽祖、眞武大帝和關帝，且普遍信仰關帝。清代臺灣道教發展雖然受到限制，但是民間的敬天祭祖、婚喪喜慶、祭祀朝拜等仍然繼承了道教的傳統。日本侵略佔領臺灣期間，由於道教屬於漢民族傳統宗教信仰，最富有民族的文化思想和感情，是漢人聯繫和團結的精神凝聚力，因而受到了日本人的摧殘和打擊，許多道教宮觀和神像被燒毀、廟產被沒收、道教的信仰被強制歪曲。在大陸解放後至七〇年代初期，道教在臺灣又很快得到恢復。七〇年代後，道教文化在臺灣得到進一步的闡揚，道教總會還創辦了「中華道教學院」。道教信仰在臺灣異常旺盛，無論是宮觀建設還是信仰人數都是空前的。

三、道教在澳門

大約在三世紀，道教在澳門就有了傳播。道教傳入澳門後，發展比較緩慢，直到宋朝才較爲活躍於香山地區（今廣東中山市）。據申良翰和暴煜《香山縣誌》記載，宋代澳門道教不僅有修眞的女觀，而且有規模較大的道觀。

元明時期是澳門道教活動最爲頻繁的時候。據《香山縣誌》記載，澳門道教在這一時期有很大的發展，奉祀的神仙也在原來的基礎上增加了社稷神、文昌帝君、關帝聖君、山川神、風雨雷電神等。

清代是澳門道教蓬勃發展的時期。據《香山縣誌》記載，當時在澳門北門外建有兩座規模較大的道觀——太清道觀和北帝廟。這兩所道觀對澳門道教的發展，從地理與宗教的關係來看，有著十分重要的影響。

在近現代，道教在澳門也有相當的發展。雖然澳門道教是從內地傳入，但在歷史發展過程中，受區域文化的影響而形成自身的特色：三教合一，將太上道祖、媽祖、觀世音、三寶和孔子一同祀奉；海神信仰比較濃厚，信奉的海神有媽祖、朱大仙、三婆神、洪聖爺、水上仙姑、悅城龍母等；宮觀壇堂和道教組織大都爲非牟利性慈善團體，他們扶貧拔苦、賑災救危；有許多專門爲人做法事的道士和道館；大都與香港信善壇系有密切的聯繫，如香港信善紫闕玄觀、信善紫闕玄宮、信善壇、純陽洞等等。

四、道教在香港。宋元以後，據說在港九地區就曾有過供奉海上救護神媽祖的北堂天后廟，當地民眾俗稱其爲大廟。明清時期，曾出現過北帝廟（即供奉真武大帝的廟觀）、純陽仙院、普雲仙院、文武廟、軒轅祖祠等。然而，香港道教的衍傳發展，主要還是在本世紀。

辛亥革命後，中國社會動盪，許多內地居民不斷移居香港，民國初年便有一批晚清遺老，如張學華、陳伯陶等，他們避居香港，以道學作爲精神寄託，崇奉道教，言稱道脈傳承於羅浮山酥醪觀。後又有許多廣東道侶移居香港，並在香港建立宮觀廟堂，傳揚道教。這些道觀的創建，對香港的道教傳揚有重要的作用。但由於是在英國殖民統治下，中國土生土長的道教在發展中總還是受到許多無形的侷限，使一些宮觀殿堂在申請建廟用地時遇到困難，辦學宣教艱難。

香港地區的道教在發展過程中形成了一些顯著的特點：三教合一，佛教的釋迦牟尼、道教的太上老君和儒家孔子一同祀奉；教義基本相同，主張以「忠、孝、廉、節、義、信、仁、惠、禮」九字爲教化之本；均開辦學校和從事福利事業，並大力支持內地貧困宮觀建設；大都在從事教務活動的同時，從事一些商業性的活動，即開辦工廠和公司；大都與廣東廣州三元宮、羅浮山沖虛古觀、雲泉仙館等有密切關係；很少全眞派出家道士；均重齋醮儀式等。

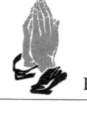

五、道教在亞洲。有一份一九八五年的調查資料顯示，道教在世界各地確實存在。從總體上看，道教主要流傳於國外的華人社會，西方人中也有少量信奉者。華人在國外發展，自然地將本身信仰、道教信念帶到居留之地，因此，在亞洲凡華裔眾多區域，就由華人建造了不少宮壇、宮廟和神壇，讓道教善信奉拜。

六、道教在西方。道教在歐美國家的傳播，當地華人扮演不可或缺的角色。隨著中國國際地位的提高，改革開放迅速發展，西方國家急需瞭解中國，而居住在異國的華人不斷回來祭祖朝聖，加之道教經典的西方譯本及其研究性論著不斷出版流通，使道教、道教思想在西方的影響進一步擴大。

《老子》一書僅五千餘言，但它博大精深，流傳久遠，迄今已有兩千四百多年，其影響遍及世界各地，是任何中國古代經典不能與之相比的。中國各種書籍的外文譯著，要以《論語》和《孫子兵法》爲多，但它們也遠不及《老子》。《老子》的外文譯著總共有兩百二十餘種，包括英、法、德、意、俄、荷蘭、西班牙、葡萄牙、瑞典、丹麥、冰島、捷克、保加利亞、波蘭、匈牙利、芬蘭、土耳其、希伯來和世界語、拉丁語等二十多種文字。尤其值得提出的是，研究老子思想的專著僅西方按其國家書目的登錄，就有一千七百餘種，其影響之大於此可見，老子研究已具有世界性了。

猶太教

猶太教

猶太教是產生於美索不達米亞地區的一種閃族宗教，逐漸發展為人類最古老的一神教，與基督教、伊斯蘭教有密不可分的淵源關係，它包括猶太人的宗教與文明，為世界上絕大多數猶太人所信奉。

猶太教自產生迄今已有三千多年的歷史。經歷了古代猶太教、拉比猶太教、中世紀猶太教、近現代猶太教五個發展階段。探索以色列民族的歷史，就會發現猶太教與以色列民族的歷史無法分割，對散居世界各地的猶太人來說，語言可能已不相通，生活方式也已大部分入境隨俗，唯有共同的宗教信仰，成為維繫民族意識的重要連結。另一方面，要瞭解猶太教，也離不開以色列民族史，可以說以色列人的歷史，就是猶太教的歷史。

猶太教的起源

眾所周知，中東的幼發拉底河和底格里斯河流域是人類文明的最早發祥地之一。在那裡，早在西元前兩千三百年，美索不達米亞文化就達到了相當發達的程度。大約三千八百年前，當美索不達米亞文明已經趨於衰敗時，一位名叫亞伯蘭的人從兩河流域南部的烏爾經巴比倫、馬利、哈蘭遷徙到被稱作迦南的地方（即現在的巴勒斯坦地區），幾經輾轉後定居在別是巴。據《聖經》的描述，亞伯蘭的這次遷徙乃是受上帝指使的：

「耶和華對亞伯蘭說，你要離開本地、本族、父家，往我要指示你的地方。我必叫你成爲大國。我必賜福給你，叫你的名爲大，你也叫別人得福。爲你祝福的，我必賜福與他；那咒詛你的，我必咒詛他。地上的萬族都要因你得福。」

在亞伯蘭九十九歲時，耶和華又與他立約，令其子孫繁多，並賜迦南地爲他們永久的基業。此後，亞伯蘭更名亞伯拉罕。亞伯拉罕生子以撒，以撒生子雅各。他們就是通常所說的猶太人的列祖，也是猶太教的最早奠基人。

亞伯拉罕的故鄉美索不達米亞古時候信奉薩比教，以日月星辰爲崇拜對象，其中太陽是最主要的神祇。傳說亞伯拉罕曾與故鄉的人們發生爭執，宣稱比太陽更偉大的造物主才值得人們敬拜。爲此，他遭到了眾人的反對，而且還被國王關進了監獄。後來，國王唯恐亞伯拉罕的觀點蠱惑民心，敗壞多神教，遂沒收了他的財產，將他放逐哈蘭。從哈蘭移居迦南後，亞伯拉罕就徹底放棄了多神教，以唯一的神El爲崇拜對象。El是閃語中表示最高神的一般性名稱。El（上帝）有不同的稱謂，如El Shaddai（全能神，現在有人認為應譯為山之神）、El Elyon（最高的神）、El Roi（能見之神）、El Bethel（聖所中的神）、El Olam（永恆之神）等等。在這幾個上帝的稱謂中，「El Shaddai」最爲重要，因爲它被認爲是亞伯拉罕家族所使用的對上帝的稱謂，就是那位在《聖經・創世記》中指示亞伯拉罕，與之立約，並賜福給他的上帝的名字。所以，後世的以色列人就以El Shaddai爲亞伯拉罕、以撒和雅各三始祖信奉的上帝。

除El以外，表示上帝的名還有許多。其中Eloha、Elohim和tetragrammaton就是在《聖經》中被廣泛使用的上帝的名。Eloha和Elohim都可譯爲神或上帝。値得指出的是，最早猶太教中，上帝的諸多名稱並不意味著多神。在猶太人的始祖以及後來猶太教信徒那裡，只是唯一神的不同稱謂罷了。這表明猶太民族從第一個祖先開始就崇拜一神，信奉一神教。如果說從多神教到一神教是人類文明史上的一大進步，那麼這個進步應該歸功於猶太人的祖先。

雅各生有十二個兒子，他們的子孫演化爲十二個部落，並稱爲「以色列人」。約西元前一七二〇年，以色列人爲逃避饑荒從迦南來到埃及，開始了長達約四百三十年之久寄人籬下、受人奴役的苦難史。西元前十四世紀，一個傑出的猶太人應運而生，他就是摩西。摩西和他的以色列同胞不堪忍受埃及法老和統治者的奴役，決心離開埃及，回到他們的祖先曾經居住過的迦南，重新開始自由的生活。約西元前一二九〇年，摩西率領他的同胞成功地逃脫了法老軍隊的追擊，出埃及，越紅海，到達西乃曠野，給以色列人帶來了新生，揭開了猶太歷史的新篇章。摩西是以色列人公認的偉大領袖和民族英雄。

以色列人出埃及後並沒有直接去往「應許之地」迦南，而是在西乃半島輾轉逗留了四十年。在這期間，最重要的事件莫過於摩西在西乃山接受上帝賜予的法律。以色列人在西乃山接受上帝啓示的法律，同時也是他們和上帝之間契約關係的重新確認。早在亞伯拉罕時代，希伯來人就相信他們和上帝之間立了契約，即亞伯拉罕尊上帝爲唯一的神，上帝反過來令他子孫繁多，成爲大國之父；賜迦南地爲他永久的基業，並揚他的名，使其後人得福。但是，隨著時間的推移，尤其是在埃及遭受了四百多年的奴役，以色列人的「契約」觀念已經淡漠。逃出埃及後，以色列人需要適應沙漠地帶艱苦的生存條件，並準備進軍迦南，這時，他們最需要的是民族的凝聚力，和對於未來的堅定信念。在這關鍵時刻，上帝賜予以色列人法律，

因而使他們與上帝的永久契約以立法的形式得以確立。《聖經》說：

「我是耶和華，你們先父的上帝，即亞伯拉罕的上帝，以撒的上帝，雅各的上帝。」

「如今你們若實在聽從我的話，遵守我的約，就要在萬民中作屬我的子民，因爲全地都是我的。你們要歸我作祭司的國度，爲聖潔的國民。」

以色列人的回答是：「耶和華所吩咐的，我們都必遵行。」契約一經確認，以色列人作爲上帝選民的特殊地位亦隨之確定。從此，以色列人自覺爲上帝的特選子民，和上帝保持一種特別的關係，這種選民意識連同上帝啓示的法律就成了維繫猶太民族的獨特共同連結。

如果說亞伯拉罕的一神崇拜爲猶太教奠定了基礎，那麼，五百年後摩西在西乃山領受上帝賜予的法律，並再次確認以色列人和上帝之間牢不可破的契約關係，則標誌著猶太教的正式形成。

猶太教的教義

猶太教的基本教義包括：一神觀、契約觀、先知觀、末世觀、彌賽亞（救世主）觀、來世與死後復活觀。

一神觀主張上帝是獨一的。猶太教的首要原則是絕對信仰宇宙只有一位、而且是唯一的上帝耶和華存在。他是獨一的、不可比擬的，宇宙不存在其他的上帝，也從未有人可以被奉爲神聖。猶太教徒因而反對崇拜多神教，反對崇拜偶像。

契約觀主張猶太人是上帝從萬民中揀選出來的一個特別的民族，是與他訂立契約的特殊選民，因而被稱爲「上帝揀選的子民」。由於這一契約，每個猶太人作爲民族的一份子都與上帝發生關聯，猶太教與猶太民族觀念也血肉相連、密不可分地結合在一起。猶太人必須遵守契約，履行上帝賦予的職責。猶太人即便背叛了這個契約的規定，也不能解除它，而只能按照契約招致懲罰，即民族遭受苦難。

先知觀主張：「先知的一切話語皆眞實無誤。摩西是最大的先知，其預言是眞實的。」猶太教教導說，上帝在猶太人中選擇眾多先知來傳達他的意志。「先知」（希伯來語「Navia」），意爲「爲上帝精神所感動的講話者或佈道者」，也稱「上帝消息的傳遞者」。摩西逝世後，在聖殿崇拜時期，上帝依然揀選許多先知來傳達其意旨。這些先知有男有女，經歷不一。他

們傳達上帝的意旨、顯示上帝的至高權力、教誨以色列人崇拜上帝、警告他們不要再崇拜其他偶像。

末世觀稱在上帝的安排下，一個完美的世界終將在末日到來之際得到實現。猶太教宣揚的末世論主要強調猶太民族和世界的最終命運，而不注重個人死後的命運。其核心內容圍繞以色列人作爲上帝的選民，公正和正義必將獲得勝利；末世到來時，整個人類都將獲得和平，各民族之間不再有紛爭，世間萬物都將和睦共存。

「彌賽亞」一詞爲希伯來語音譯，意爲「受膏者」。猶太人自摩西時代起，凡是一祭司、君王、先知將立時，都需要有在他們額頭膏上橄欖油的儀式，表明他是由上帝派來的。後來，猶太人經常用「彌賽亞」這個詞來形容他們一直渴望能領導他們擺脫異族壓迫、使國家重返大衛王朝繁榮時代的有能力者。

猶太人相信，在這個世界上的一個特殊的來世裡，所有的人將會在「彌賽亞」的領導下和諧地生活。這個來世將出現在地球上，將會持續到所有歷史的終結。猶太教主張，在來世正義將得到表彰，惡行將受到懲罰，來世只能給那些應該得到它的人；那些分享不到來世的人，是否認信仰這一原則的人，再一次強調了在今世過一個正義生活的重要性。

猶太教的儀式和節日

從西元前五世紀以色列人被擄歸回算起，在兩千五百年中，猶太教建立與發展了一整套宗教活動與儀禮、教規。猶太傳統中有一系列獨特的聖日、節期、儀禮和宗教習俗。它們制約、規定著猶太人的日常行爲，造就了這個民族的與眾不同、獨具特色的生活方式。

一、儀禮。從西元七〇年後，猶太教徒的宗教活動都以各地會堂爲中心。最初的會堂原是信徒學習律法的學校，按猶太教習俗，男孩從五歲起開始學習《律法書》，終生不輟。會堂的活動是將《律法書》分爲全年五十二周功課，每週學一節，每年將《律法書》讀一遍。

自西元七〇年耶路撒冷聖殿被毀後，會堂成爲猶太教一切活動的中心。通常安息日的宗教儀式包括兩部分：經訓 (Shrma，希伯來文字意是「聆聽」) 和禮拜 (Shmone Esrai，希伯來文原意是「十八」，指禮文原含十八節祈禱和祝福)。在經訓部分，選讀《律法書》、《先知書》、《詩篇》，每次全體會眾必定同聲朗讀《申命記》六章四節：「以色列啊！你要聽：耶和華我們上帝是獨一的主。」這是每個猶太教徒每天早晚都要背誦的經文。禮拜部分原有十八節，現一般已簡化爲七節，每節都以祈禱開始，以祝福結束；由一位懂希伯來文的信徒領禱並宣布祝福，

會眾應和。自羅馬帝國攻陷耶路撒冷後，以色列人大批流亡國外，形成南歐與北歐、東歐兩個中心，各自吸收當地文化，發展自身特色。在宗教儀式、希伯來文讀法等各方面都不同。自中世紀起，北歐東歐猶太人稱阿許克那齊講德語、希伯來語混合的意第緒語，在南歐各國的猶太人稱賽法拉迪姆。移居北美的猶太人多數來自北歐、東歐，而現以色列國民多數來自南歐各國，因此宗教儀式、方言上有明顯不同。

二、割禮與成年禮。按猶太教規定，男嬰出生第八日應受割禮，表明繼承亞伯拉罕與耶和華所立的約。男孩及女孩滿十三歲時要到會堂舉行成年禮，稱為「誡命之於」。成年禮通常在孩子滿十三歲後第一個安息日早禱時舉行。在早禱儀式中，召喚孩子在會眾面前以希伯來語朗讀《律法書》片段。在朗誦完畢，第二次祝福詞後，父親走上讀經台，朗聲說：「感謝耶和華，如今我得以解除對孩子的責任。」自此以後，這孩子便被看作成人，男孩的行為概由自己負責，他可以承擔所有以色列男子的責任。

三、安息日。安息日對猶太人來說是具有特別意義的聖日。安息日是一個星期的第七天，是休息日。但它不是一般的休息日，可說它是猶太教的最主要的表徵。安息日根源於《聖經》中上帝的教誨：

「你們要守安息日，把它看作神聖的一天。六天之內，你們要工作謀生，但到了第七天，你們就什麼也不可做，唯獨要向上帝守安息日。至於你的親人、奴僕婢女、牲畜和一切在你們當中僑居的外族人，都要同樣遵守。你們要遵守安息日是因爲耶和華在六天之內造了天、地、海和其中所有的東西，第七天便安息了，所以，主賜福這一天，把它們定爲安息日。」

安息日既是工作後體力上的休息，更是一種精神上的淨化和陶冶。猶太人的安息日不是星期天，而是從每個星期五的太陽落山開始，到次日的同一時刻截止。在這一天，猶太人不允許做任何工作，專心休息和學習經文。一般星期五傍晚，家庭主婦點燃蠟燭，頌讀燃燈禱文，這標誌著安息日的開始，然後全家人圍坐在一起愉快地享用豐盛的晚餐，星期六上午多數教徒自己到所屬的會堂做禮拜。這一天也是十三歲的男孩或十二歲的女孩舉行成年禮的日子。守安息日是猶太教的重要規定，也是猶太人作爲一個神聖民族而和別的民族相區別的重要標誌。正因如此，著名猶太思想家阿哈德．哈阿姆才說：「與其說猶太人遵守安息日，不如說安息日維繫了猶太人。」

四、新年。猶太新年指的是猶太曆七月的第一、二兩天（古代為七月一日）。在《聖經》中，它被規定爲新的一年的開始。這一天不是個歡快的日子，人們只是默默地休息，並吹羊角號

以示紀念。後來，經師在《米市納》中又稱之爲「審判日」和「紀念日」，認爲在這一天所有的人都要在上帝面前經過，並接受聖地的審判。《塔耳慕得》把這種審判分成三種情況：最好的人當即被判決並被記入《生簿》，最壞的人則被載入《死簿》，其餘的常人不定，而等到「贖罪日」時再做判決。因爲這樣，新年就成了猶太人根據猶太教的標準進行自我省察的日子。

五、贖罪日。贖罪日是猶太人一年中最重要的聖日。在新年過後的第十天，猶太人徹底齋戒、停止所有工作，聚集在會堂內祈禱上帝赦免他們在過去的一年中所犯的罪過。在聖經時代，猶太人這一天在聖殿舉行獻祭儀式，將一頭公山羊殺死祭奠上帝，把另一頭山羊放逐曠野，讓牠帶走猶太人的一切罪孽。這就是所謂「代罪羔羊」的典故。

六、逾越節。逾越節是爲紀念歷史上猶太人在摩西領導下成功逃離埃及的節日，所以又叫做自由節。據《聖經》記載，當年以色列人在逃離埃及前夕，上帝命他們在正月十四日晚上家家殺羊食肉，把羊血塗在門框上作爲以色列家庭的標記。晚上，上帝越過了以色列家庭而把埃及人家中頭生的孩子和牲畜全部殺死。上帝吩咐猶太人：「這一天將是你們的紀念日，要當作上主的節日來慶祝；你們要世世代代過這日子，作爲永久的定例。」逾越節之夜是猶太家庭歡宴的時刻。在宴會中，猶太人講述出埃及、獲自由的故事，孩子提問一些有關逾越

節緣由的問題。宴會上備有嫩芫荽，象徵春天萬物成長的希望；烤雞蛋表示古代聖殿中的祭品，硬雞蛋提醒人們超越死亡的人生，鹹水象徵猶太人爲奴時的淚水，苦菜代表受奴役的苦楚，無酵餅則是當年猶太人在走向自由的路途中的食品。現在，正統派過兩夜，改革派只慶祝一夜，第二天到會堂參加集體慶祝活動。

七、七七節。七七節因是逾越節過後七周的那天（正統派過兩天），故名。本來這是一個農業收穫節，以色列人在這一天把新收的小麥獻給上帝。後來成了猶太人用以紀念上帝在西乃山授予十誡的日子。人們通常在這一天閱讀包含十誡的《出埃及記》，舉行成年禮或畢業典禮。

八、住棚節。住棚節開始於贖罪日後第五天，即猶太曆提市黎月十五日，整個節期持續七天（正統派過八天）。其原初意義是紀念農民在秋收時節住在野外的帳篷內以便及時收穫成熟的莊稼，後來用以紀念以色列人在曠野漂泊四十年中所住的帳篷。這是一個喜慶歡樂的節日。節日期間，有的猶太人吃住都在郊外的帳篷內，有的只是象徵性地每天在其中留一會兒，念誦有關的經文和禱文。猶太教的會堂也建起帳篷，供會眾使用。現今，這個節期具有依賴自然、回歸自然和保護自然的意義。

九、痛悼節。悼念耶路撒冷聖殿兩次被毀及歷代被迫害致死的猶太人，日期為猶太曆五月九日。要求信徒禁食、不梳裝打扮、不沐浴、不談笑，入會堂背誦《哀歌》，有的以色列人謹守傳統，到祖先墓地，祈禱以色列早日復興，救主彌賽亞早日來臨，使錫安得以重建。

十、歡慶節。這是紀念在波斯的以色列人從波斯宰相哈曼的屠殺陰謀中得救的傳說故事，載在《以斯帖記》中。日期是猶太曆十二月（二月或三月）十四日。它可稱為以色列人的狂歡節，可以舉宴飲酒；兒童在這個節日鳴放爆竹、作種種惡作劇；親友之間互贈禮物；賙濟窮人，同時也要讀《以斯帖記》。

十一、獻身節。希伯來文「獻身」之意，又被稱為「光明節」，獻身節與逾越節同為以色列人紀念獲得自由的節日。西元前一六八年，敘利亞賽琉西王國暴君安提奧古四世統治期間，企圖使以色列人希臘化，禁止割禮、禁止講授聖經，並將耶路撒冷聖殿改建為希臘神廟，樹立希臘宙斯神像。以色列人誓死反抗，在祭司馬塔賽和兒子瑪喀比領導下，發動武裝起義，經過三年全民游擊戰爭，戰敗塞琉西王國。瑪喀比在西元一六五年猶太曆十二月二十五日重建聖殿大會上，點燃蠟燭，並命令以後每年紀念時點燃燭臺，因此又被稱為光明節。

猶太教的典籍

猶太教的經典就是現在基督教《聖經》中的《舊約》部分，希伯來文稱作《塔納赫》。因爲猶太教經典包含三部分，第一部分「托拉」(Torah)通常譯作「律法書」，實際它還有「信條」、「訓誨」、「指導」等含義。第二部分「先知書」(NE biim)，第三部分「聖著」(Chetubim)，把這三個詞的第一個字母取出，成爲NCH，加入母音以便發音，便稱作「塔納赫」(Tanach)。

它的內容就表明它其實不是一卷書，而是猶太宗教著述集，因此，它並不是由一位作者寫成，各卷編著的年代約在西元前八世紀至西元前二世紀，所引用的各種資料則可追溯到更遠的古代；因此其中思想、語言、表像、情調、風格各不相同，就內容性質說，有古代以色列人接受美索不達米亞蘇美爾人關於世界起源的神話，有以色列人關於民族起源的傳說，有歷史、法律、道德、宗教、文學作品等。其中有的部分如通稱「摩西五經」的「律法書」就曾經過歷代的不斷改寫、增刪，直到西元前二世紀初才定型。有些卷本身就是一部彙集，如假託大衛王所著的《詩篇》一百五十篇，實際是以色列人從大衛王時代(西元前十世紀下半葉)起八百年間宗教哲理倫理詩歌總集。在標明大衛所寫的七十三首詩中，現代學者能確認其出

於大衛之年的只有一首，而且還未收入《詩篇》。有些卷如托稱西元前八世紀先知以賽亞所著《以賽亞書》，從語言歷史看，至少其中第四十章以後是另一位作者（可能是西元前六世紀）所著。

西元前六世紀末，波斯戰敗巴比倫，釋放被巴比倫俘虜爲奴的以色列人回巴勒斯坦，猶太人聚居猶地阿地區，在中心城市耶路撒冷重建西元前五八七年被巴比倫焚毀的聖殿，由此開始猶太教歷史上所稱「第二聖殿時期」。這時，一批猶太教祭司文人學士開始編纂古籍，這項工作沿續到西元前兩百年左右，從中選出二十四卷，審定爲猶太教經典。這二十四卷在現行基督教《聖經．舊約》中分成三十九卷。

一、律法書。它包括現行基督教《舊約聖經》中前五卷，都托稱摩西所著，因此有時又稱「摩西五經」。專家們認爲，其中最古老部分可能是西元前九世紀的作品，最晚的部分可能是西元前二世紀作品。因此，它像沖積形成的地層一樣，反映了古代猶太文明的不同時期。

在第一卷《創世紀》中，有關於神從虛無中造出天地萬物，最後按自己的形象造出人類始祖亞當、夏娃的記載（一—三章）；接下去敘述神與以色列人的遠祖亞伯拉罕立約，應許將迦南地賜給亞伯拉罕的後裔（十五—十七章）。亞伯拉罕在迦南建立祭壇，表示感恩。亞伯拉罕

的孫子雅各奉神命改名以色列。雅各有十二個兒子，幼子約瑟被嫉妒的兄長賣給埃及奴隸販子，以後因智慧成爲埃及宰相。他的兄長們則因迦南饑饉逃到埃及。

第二卷《出埃及記》上編一至十八章記述以色列的子孫在埃及備受壓迫。神按照對亞伯拉罕的諾言，選拔摩西爲民族救星，領以色列人出埃及。中編（十九—二十四章）、下編（二十五—四十章）描述神如何向以色列人顯示、頒布十誡和法律。

第三卷《利末記》記述祭司的職務和祭祀的禮儀法規。

第四卷《民數記》，繼《出埃及記》敘述以色列人在摩西領導下，在曠野四十年中經歷的一些重要大事，此外還記載了一些獻祭的法規。

第五卷《申命記》敘述摩西的三篇演講辭，回顧以色列人在曠野四十年所經歷的一切，用以勸誡以色列人。

這五卷書在猶太教經典中居於中心地位。它以六百一十三項法律條款爲中心，但並不限於此。即以法律來看，其內容不僅限於宗教，還包括經濟、社會道德等各方面。因此，它被猶太人認爲其中蘊含著一切眞理，在猶太教會堂中每年要誦讀一遍。

二、先知書。古代各種宗教都有「能見異象的神人」，類似原始宗教中的薩滿，宣稱他們能通神、能見異象、解釋天象等。古代猶太人的聖殿中也有這一種「神人」，列為祭司中二十四等級之一。這些神人漸漸職業化、腐化。自西元前八世紀起，代而興起的是一些並非屬於祭司等級的先知——神的代言人。他們關心社會、伸張正義、滿懷熱情地以代神說話名義，抨擊當時社會中的腐敗現象，甚至譴責國王權貴欺壓平民，警告以色列人，若不悔改必將罹禍。這是過去的神人所不敢做的。他們要求對政治、社會、道德、宗教實行改革。在宗教上，反對當時流行的空洞形式，也反對維護原來宗教制度的祭司。關於這些先知的言行記載構成猶太教經典中第二部分《先知書》的主要部分。其中又分為三部大先知書《以賽亞書》、《耶利米書》、《以西結書》和十二部小先知書。它們之分為「大、小」，並不是由於重要性，完全是由於各卷篇幅長短，篇幅長的就被稱為「大先知書」。

在猶太教中，還有六卷書《約書亞記》、《士師記》、《撒母耳記》上下、《列王紀》上下被列為前期先知書，實際是古代以色列民間傳說的民族歷史，猶太教傳統認為先知書的重要性僅次於五經，每星期除朗誦《五經》篇章外，還要選讀先知書片段，勉勵信徒嚮往致力於沒有戰爭、饑餓和壓迫的社會，這是猶太教的又一特點。

三、聖著。列爲聖著的十三卷書中有宗教詩歌《詩篇》，也有愛情詩歌《雅歌》；有修身處世《箴言》集，也有悲觀厭世的《傳道書》和哲理詩劇《約伯記》，這三卷合稱爲「智慧書」。此外，還有以外邦女子路得爲主角的故事《路得記》；有反映亡國之痛、激勵愛國思想的《哀歌》，敘述猶太女英雄以斯帖拯救猶太人免於滅亡厄運的《以斯帖記》，預言羅馬統治滅亡的預言文學代表作品《但以理書》；還有歷史類的《歷代志》上下、《以斯拉記》、《尼希米記》等。它們的性質、內容、產生時代與作者各異。但有一個共同點，就是它們在宗教語言、象徵下的現世色彩。

從文化史的角度，猶太教經典不僅反映了古代以色列人的歷史思想文化，而且還反映了古代西亞與地中海東部各民族間的文化交流情況。

猶太教經典中提出了人生的根本哲學問題如：人生存的目的是什麼？人們所熱衷從事的各種活動究竟有什麼意義？爲什麼善人受苦而惡人得志？世界只是永恆的混亂抑或其中有神的旨意導引？如果天上有神，在世間苦難中，到何處去尋找神的公義？正是這些打動人心的人生根本問題以及注重現實生活倫理，成爲猶太教經典的特色。這些問題的提出與以色列民族歷史上的深重苦難是分不開的，而一旦提出來，又具有超越一個民族經驗的普遍意義，因此後來透過基督教對西方思想史產生深遠的影響。

猶太教的派別

一、正統派。猶太教正統派是猶太教中最大的群體，自視為唯一眞正的猶太教。在今日以色列，猶太教正統派佔絕對統治地位，擁有很大的權力，透過以色列大拉比院發揮影響。

歷史和特點：正統派可以回溯到「他勒目」法典時代（二—四世紀）。其特點是強調傳統，嚴格遵守拉比解釋之下的摩西律法。

對聖經的看法：律法——摩西五經是眞實的。他們確信，一個眞正的猶太人是相信口述和書寫的律法的啓示及神聖來源。「口述律法」指對相傳是摩西所寫的律法書的各種注釋，律法書被視為高於希伯來聖經的其他部分。

對上帝的看法：上帝是靈，祂沒有形體。祂是有位格的，全能、全知、全在、永在和富感情的上帝。

對人的看法：人性是中性的，有向善和向惡的傾向。人可以靠著自己在律法上的努力，克服邪惡的傾向臻至完美。

對律法的看法：律法是猶太教的根本。律法具有權威，並定義生命的意義。全然奉獻給「哈拉卡」（猶太律法中最重要部分）的生命是最靠近上帝的。

對罪的看法：正統派不相信「原罪」，認爲犯罪是一個人未遵守律法。

對救恩的看法：悔改（相信上帝的憐憫）、禱告和順服律法是與上帝建立適當關係不可或缺的。「救恩」不是猶太人原有的觀念，因爲猶太人認爲自己是上帝的選民，不需要救恩。

對彌賽亞的看法：彌賽亞是一個人，不是神。他會來拯救猶太人，並在地上擴展公義的統治及施行審判。

對死後生命的看法：有一個肉身的復活，義人可以在「將要來的世界」與上帝永存；不義的人會受苦，但是他們對不義的終極命運存有歧見。

會堂崇拜的不同點：會堂是禱告和學習的地方，社交則是次要的。所有的禱告都是用希伯來文。男女分坐，司會和會眾面朝同一方向。

二、改革派。猶太教改革派是近現代猶太教的一個重要派別。此派在在美國和歐洲最為普及，一直生氣勃勃，充滿革新精神，在信仰對話領域中始終佔據主動。

歷史和特點：改革派起源於十八世紀末德國猶太人，自貧民窟解放而來，此派尋求的是猶太主義現代化，遏止威脅德國猶太人被同化的浪潮。改革派強調倫理和先知的教訓。

對聖經的看法：聖經是一份人類的檔案，保存了一個族群之歷史、文化、傳奇和希望的記載。在引申成為道德和倫理方面，聖經自有其價值和地位。啓示是一個持續不斷的過程。

對上帝的看法：改革派允許來自自然論者、神祕論者和超自然論者對「上帝概念」的各種詮釋。它認為「眞理是，我們並不認識眞理」。

對人的看法：人性本善。透過教育、鼓勵和人的進化，人可以活出他本有的善性。

對律法的看法：律法是演進的，是動態的宗教準則，適合於每一個時代。一旦宗教的戒律與文明社會對正義的要求分歧時，得放棄宗教戒律。

對罪的看法：改革派不相信「原罪」，罪被詮釋成社會的病態。人類有時會在其中綻放出「神聖火光」。

對救恩的看法：救恩是來自個人和社會的漸次改善，因此，救恩是社會改造。

對彌賽亞的看法：改革派並不把彌賽亞想成人，或是神，他們寧願把彌賽亞想成人類社會朝著行進的烏托邦。有時，這理想稱爲「彌賽亞時代」。

對死後生命的看法：改革派一般說來並無所謂死後的生命。他們認爲一個人是活在他個人的成就裡，或是活在別人的心中。有些人則被東方神祕思想左右，認爲靈魂和一個更大的、不具人格的生命力相互結合。

會堂崇拜的不同點：會堂又名聖殿，聚會的儀式已經現代化和簡化了。英文和希伯來文都可以使用，男女同坐。儀式中也使用詩班和管風琴。

三、保守派。

猶太教保守派介於正統派與改革派之間。保守派特別重視的一項原則是把猶太教與猶太文化、猶太民族結合起來，從文化角度支持猶太復國主義。

歷史和特點：保守派是一個發軔於十九世紀德國的美國運動。它起源於中產階級對改革派極端同化傾向的反彈。

對聖經的看法：聖經——律法書（Torah）和其他希伯來文聖經書卷是上帝的話，也是人的話。啓示是一個持續不斷的過程。

對上帝的看法：對上帝的概念是非教義性的和富彈性的。它比改革派裡的無神主義色彩要淡一點，但通常他們認爲上帝是非人的、言語難以形容的。

對人的看法：此派基本上贊同改革派對人的看法，但尚未到那麼支持人本主義的地步。完美可以從啓蒙而得，人是具有上帝「合夥人」的身分。

對律法的看法：必須與時代情況配合。道德要求是必要的，但某些特定的律法是相對的。

對罪的看法：保守派不相信「原罪」，罪是個人在道德和社會上犯的錯誤行爲。

對救恩的看法：保守派對救恩的看法接近改革派，並包括保留猶太身分的必要性。

對彌賽亞的看法：與改革派雷同。

對死後生命的看法：和改革派想法差不多，但較少受非傳統思想左右，例如東方神祕主義對保守派的影響極微。

會堂崇拜的不同點：會堂被視爲猶太人生活的基本公共場所。改革派中的一些改革在保守派的崇拜中更是次要。

四、重建派。重建派是從美國保守派中分化出來的年輕猶太教派。這個教派的創始人摩迪凱·開普蘭認爲，超自然主義的正統派、改革派和保守派都不能適應現代性和當代猶太生活的需要，因此必須對之重建，將其改造成爲自然主義的、民主型的宗教。他心目中的猶太教是一種進化的文明，上帝、《托辣》和猶太人是構成它的三大平等的要素。然而，上帝不是超自然的人格神，而是內在於宇宙萬物中的「導致拯救的力」，《托辣》是猶太人經驗的記錄，其中的律令乃是猶太人的風俗習慣；而「拯救」不是指來世的永生，而是現世的道德滿足。

重建派在儀禮上接近保守派，而在理論觀點上甚至比改革派還要激進。這個派別主張自由地解釋傳統，以會堂爲猶太生活的中心，主張宗教生活的民主化，鼓勵和支持以色列國的建設。重建派是猶太教中最小的派別，約佔北美猶太人的百分之二，它對猶太人的影響主要在意識形態方面。

猶太教的傳播和發展

在世界宗教發展的歷史上，猶太教的地位非常特殊，首先，它是古代宗教向普世宗教轉變的轉捩點，其次，它的一神教觀念成爲後世普世宗教的核心和基礎。猶太人與西亞所有其他同時代民族一樣經歷過崇奉多神的時代；西元前一二五〇年至七五〇年左右，以摩西發端，進入全民族獨尊一神即一神崇拜階段；西元前七五〇至五五〇年左右的「先知革命」確立了純粹的一神論；自巴比倫返回巴勒斯坦後的四個世紀，是猶太教形成時期，末世論、彌賽亞和千禧年等宗教觀念形成。猶太教思想主要來源於波斯瑣羅亞斯德教、埃及和兩河流域地區傳統的宗教思想和觀念，在猶太教發展過程中又接受希臘哲學思想，最終形成猶太教思想。

猶太教思想又對基督教、伊斯蘭教乃至佛教產生過重要影響。基督教脫胎於猶太教母體，繼承了歷史悠久的猶太教「一神論」和「救世主」的神學觀念。但是，猶太教是和猶太人的民族性緊密相連的，其嚴格的宗教戒律和儀式令外人望而卻步。因此，猶太教在傳播和實踐中表現出強烈的排他性。

對猶太歷史稍微瞭解一些的人都知道，這是一個苦難深重的民族。四千年的猶太史中，揚眉吐氣的日子實在不多。歷史上的這個民族百分之九十以上的時間是在異國的奴役、剝削、欺凌、流亡、屠殺中倖存下來的，直到五十年前，猶太復國主義者成功回到巴勒斯坦這塊土地上時，民族大流散就已經持續了兩千年。

猶太民族由此給世界留下了許多謎：爲什麼猶太人散居於世界各民族中卻幾乎沒有被同化？爲什麼他們爲世界貢獻了《聖經》，並且成爲後來更爲強大的基督教、伊斯蘭教的母宗教，但其自身的宗教和文化卻沒有衰落，反而更加完善？這個在《聖經》中自稱爲「與上帝立約」、「上帝的選民」的優秀民族，無論歷史上還是近代史上，爲何會一次次地遭受到滅絕人性的大屠殺？遠的不說，僅看最近的這一千年，猶太人就經歷了慘絕人寰的悲劇：

西班牙、葡萄牙的基督教異端裁判所在三個半世紀中就審訊了四十萬猶太人。僅十四世紀，西班牙各地的排猶暴行就導致五萬至七萬的猶太人死亡，剩下的猶太人被迫改信基督教，不願改教的則被驅逐出境；十一世紀開始，並且持續了幾個世紀的歐洲十字軍東征的一個口號就是：「幹掉一個猶太人，以拯救你的靈魂。」

十四世紀，歐洲流行黑死病，四分之一歐洲人被奪去生命。猶太人由於良好的衛生傳統和注重醫療，死於黑死病的人很少，但是仍難逃一劫。當時的基督教會宣稱是猶太人與魔鬼合夥才帶來黑死病。大批猶太人又被殺死和驅逐。

十世紀初，全世界大約有一千五百萬猶太人。但僅十九世紀四〇年代，死於希特勒屠刀之下的就有六百萬……

約在西元前兩千年，希伯來人從幼發拉底河流域正式進入迦南地區。後來，迦南大旱，希伯來人逃荒到了埃及，在那裡過了四百多年的寄居生活。其間，由於埃及人排外主義思想的滋長，希伯來人被迫淪爲奴隸。最後，希伯來人終因不堪屈辱，在其首領摩西的帶領下，幾經磨難，逃出埃及，返回迦南。

直到西元前一〇二八年，猶太王國才宣告成立，西元前九三三年分裂爲北部以色列王國和南部猶大王國。隨後，以色列王國於西元前七二二年亡於亞述王國，猶大王國在西元前五八六年亡於新巴比倫王國。之後，猶太人又先後處於波斯和馬其頓的鐵蹄之下。西元一三五年，猶太人第二次反抗羅馬人的起義失敗後，被強行逐出巴勒斯坦。至此，猶太人開始了長達近兩千年的「大流散」。

大流散後，猶太人客居他鄉，勢單力薄，爲了生存，必須從事小商小販、放債放利等一些低賤的職業，自然而然在寄居國就形成了低人一等的形象，低人一等自然就會遭受迫害。當然，隨著資本主義的產生，猶太人以「有錢人」的形象重現於世界，這和居住國的資產階級利益發生衝突，同時也引起居住國居民的妒忌和掠奪的野心，這也是猶太人受迫害的主要原因。

此外，由於基督教等都是新興的宗教，它在向外傳播和擴張的時候，需要用異教徒的血作爲它的營養，於是孤立無援，但卻執著於自己信仰的猶太人首當其衝成爲其犧牲品。基督教教會加給猶太人的罪名是：「猶太人是出賣耶穌的猶大。」他們忘了耶穌本人也是猶太人，同時也忘了是羅馬總督彼拉多下令把耶穌釘在十字架上的！日復一日，宗教的對立使猶太人成爲基督徒心目中永遠的敵人。當然，各國統治者爲了維護其統治緩和國內衝突，慣用的手段是挑起民族間的仇恨，從而轉移人民的視線，猶太人再一次成爲代罪羔羊。此外，猶太人由於非常重視金錢，自然就形成了吝嗇、孤僻、封閉的性格，很難與人友好相處，這也是他們受迫害的原因之一。

猶太教是世界上最古老的宗教之一，基督教和伊斯蘭教都發源於它，有成文的經典和行爲規範，是每一個猶太人的精神支柱。也正是猶太教和《聖經》，使猶太人自命爲「上帝的特選子民」，這不僅阻礙了他們和其他民族的融合，也使《聖經》成了喚醒散居在世界各地的每一個猶太人民族意識的強大力量；這也是他們能夠在任何惡劣環境下都能生存並保持民族同一性的內因。

也正是巨大的苦難和猶太教的教義，使每一個猶太人都認爲，「保持群體的和諧和團結」是每一個猶太人義不容辭的責任，同時也使他們對任何異族都持懷疑的敵意，自然也就使他們不和異族通婚、來往，活動的範圍一般都封閉在猶太人或猶太團體內。

婆羅門教

婆羅門教

婆羅門教是印度古代宗教。它的起源至少可以追溯到西元前三千年至前一千五百年的印度河流域文明。與許多後來的世界性宗教不同，它沒有明確的具體創教人，是不同的宗教信仰和哲學派別匯合而形成的宗教思想體系，又都在印度次大陸經歷過數百到上千年的繁榮，儘管人們可以籠統地以印度宗教文化稱之，但所有不同的教義與思想派別都代表了不同地域、不同種族的文化內涵。

婆羅門教的起源

婆羅門教是印度古代宗教之一。相傳形成於西元前七世紀，以崇拜梵天（「梵天」是印度教的創造之神，他創造了世界萬物，坐騎為孔雀，妻子是辯才天，即婆羅賀摩）而得名。

印度最早的文明是西元前三十世紀至前十五世紀間的印度河流域文明。據莫亨約·達羅和哈拉伯遺址發掘證明：當時定居在印度河河谷的居民已經使用青銅器皿，大多從事農業和畜牧業，其流行的宗教信仰是對地母神、動植物（特別是牛）、生殖器和祖靈等崇拜，浸浴和土葬是重要儀式。有些出土的畫品上還繪有修行者的趺坐和冥想等形象。這些宗教信仰和實踐與後世印度的民間信仰濕婆崇拜和瑜伽修習等有一定的聯繫。

西元前二十世紀中葉，雅利安人由興都庫什山越帕米爾高原湧入印度河流域，並和當地的主要土著民族進行長期鬥爭並最終征服了他們。雅利安人在進入印度以前原是遊牧部落，他們的宗教信仰主要是崇拜人格化了的自然神和祖靈，實行火祭和蘇摩祭，孩提成年時要舉行入門（證明是正式的部落民）儀式，死後實行火葬等。他們在印度河流域定居並和當地土著民族混合後，逐漸開始過渡到農業社會，形成了吠陀（「吠陀」是梵語，知識的意思）教，崇拜多神，實行繁瑣的祭祀。

西元前十世紀中葉，雅利安征服者又從印度河上游向東推進至朱木那河、恆河流域。在這個時期，次大陸的農業和手工業生產有了重要的發展。經濟的發展加速了社會的分化，過去以血緣爲聯繫的村社變成了以地域爲聯繫、由若干村社組成的農村公社，隨著階級的分化和奴隸制的形成和發展，印度最初的國家形成了。以《梨俱吠陀》爲中心內容的吠陀宗教爲了適應上述變化，開始進行重大的革新，出現了以吠陀天啓、祭祀萬能和婆羅門（「婆羅門」是祭司貴族，屬於印度種姓之一，它主要掌握神權，占卜禍福，壟斷文化和報導農時季節，在印度社會中地位是最高的）至上爲三大綱領的婆羅門教。

婆羅門教的教義

西元前九世紀時，雅利安人的部落逐步進入恆河流域並在前七世紀末組織了城市國家。社會成員被區分爲四個種姓——婆羅門（祭司）、剎帝利（王族、武士）、吠舍（手藝人、商人和農民）、首陀羅（奴隸）。最初的四種姓制度顯然以吠陀神話中的某些頌贊爲理論依據。直到奧義書時代（前七至五世紀），婆羅門的神聖地位才受到了懷疑和挑戰。婆羅門教的信仰主要基於有多種神存在的觀念，而婆羅門在宗教中所承當的主要是祭儀主持的角色。

從婆羅門經典的演變，即從吠陀聖典到梵書、奧義書的變化，可以看出婆羅門教從多神教往一神教發展的趨勢。奧義書時代，梵天已經成爲了起源之神並綜合以往的吠陀神話成了與毗濕奴和濕婆三位一體而又居二者之上的主神；而另一主神濕婆也在婆羅門教的另一源流中上升爲主導之神。婆羅門教隨地區和文化源流及種族的差異，崇奉的主神各不相同，四世紀之後形成的印度教甚而出現了濕婆教、毗濕奴教及別的派別。而作爲宗教深層核心的諸觀念，如輪迴、解脫、梵我合一、祭祀萬能和婆羅門至上等，則是各派別的共同信仰，表明婆羅門教是一個龐雜的綜合文化體系。

婆羅門教的儀式和節日

「祭祀萬能」是婆羅門教的重要綱領之一。雅利安人進入印度次大陸以前，其宗教信仰可能與波斯有很多相同之處，崇拜象徵光明的火神，但沒有偶像膜拜。在次大陸定居並與土著結合以後，他們發展了祭祀儀式。據《梨俱吠陀》的記述，可以推知當時火祭已很盛行，祭品主要是牛乳、穀物、蘇摩酒、肉類等，著名的《原人歌》中雖然已提到「諸神以人爲犧牲」，但人祭可能還沒有成爲固定的儀式。《耶柔吠陀》、《阿闥婆吠陀》以及各種梵書中

對祭祀的意義、讚歌、咒術、儀軌、祭官等都有了較具系統的規定與說明，在經書中又進一步發揮並附以繁瑣的注解。祭祀大致可分爲家庭祭和天啓祭（或稱火祭）兩類。

一、**家庭祭**。主要限於對家庭事務的祭祀，如在人生的各個階段（受胎、出生、命名、哺養、童年、成年、從師學習、學成歸家、結婚等十二個階段）所進行的祭祀，以及祖先祭和人死時所作的祭禮。

1．受胎，一般在婦女懷孕後進行。
2．成男，祈求胎兒爲男性。
3．分發，婦女懷孕三、四個月後，祈求母親和胎兒安泰。
4．出生，嬰兒出生後，祈求滌除胎前的不淨，祝將來健康。
5．命名。
6．出遊，嬰兒初次出行。
7．哺養，最初吃食物。
8．結髮，表示已入童年。
9．剃髮，表示已入成年。

10．入法，從師學習吠陀，接受宗教訓練，成爲婆羅門教徒。

11．歸家，學成歸家，開始過世俗生活。

12．結婚。

此外，還有新月祭、祖先祭等定期舉行的祭儀。婆羅門的葬儀是比較重要的一個儀式，在吠陀初期有火葬、土葬兩種，但沒有強制性的規定，以後又出現水葬、野棄葬等。對婦女的態度有一個變化的過程，在《梨俱吠陀》中婦女的地位很高，當時大概實行一妻制，但在「梵書」和「經書」中已開始出現歧視婦女的現象。「法經」則宣稱婦女要服從男子。在吠陀最末期和史詩時期寡婦殉夫（薩蒂即丈夫死後，死屍火梵時，投入火中，與夫俱亡），成爲定制。

二、天啓祭。奉祀方位不同的「三火」（家主火、供養火、祖先祭火），由祭官主持。祭官分爲勸請僧、行祭僧、祈禱僧，祭官屬下還有宣詞者、贊酒者、引導者、點火者、拂穢者等輔助人員。不同的祭祀要有不同的祭官主持或監督。天啓祭大致可分爲供養祭和蘇摩祭兩類。供養祭是以動植物供奉諸神和祖先的祭祀，分七種：

1．置火禮，即在家宅置三火作爲公開的儀禮，一般是新婚滿月日舉行。

2．火祭，此祭的目的和意義較爲廣泛，在梵書中被認爲是祈求牧畜（牛）的繁殖，每天早晚兩次，把牛酪及其他供物投入祭火。

3．新滿月祭。

4．初穗祭，向神供奉各種新產穀物或果蔬，祈求豐收。每年三次，秋季獻米，春季供麥、稗，夏季供竹筍。

5．四月祭，印度古時根據氣候將一年分爲三季，每四個月舉行一次祈求農作物豐收。

6．獸祭，祈求豐年，排除各種障害，一般在新滿月祭中舉行。

7．修陀羅摩尼祭，奉祀因陀羅，獻祭者各有其目的——婆羅門想獲得名聲；刹帝利希望取得勝利；吠舍企求財富。

蘇摩祭是以蘇摩酒奉獻於神或祖先，名目繁多，凡不屬於供養祭的都稱爲蘇摩祭。印度文獻中有時稱爲「七會」。據很多學者的研究，此祭通常有六種：

1·火神贊，即對火神阿誇尼的贊誦。爲了實現獻祭者重大的願望而舉行，對祭官、祭場、祭儀等都有嚴格的要求。

2·力飲祭，以奉獻七杯或更多的蘇摩酒而得名。國王刹帝利或婆羅門爲了獲得更高的權力而舉行。

3·即位禮，國王即位時舉行。

4·馬祭（馬祀），婆羅門教最重要的祭祀。在行祭時，祭官透過一定的儀式選定一匹健壯的牡馬，使之在外遊蕩一年，在馬遊蕩時伴有國王或由國王代表率領的軍隊，當馬闖入其他國家的領土時，就逼使其降服，否則就用武力征伐；一旦取勝，被打敗的國王要作爲扈從列入戰勝者的行陣，否則要遭恥笑。在勝利者牽馬回國後，還要由祭官舉行盛大儀式，唱吠陀讚歌，將馬宰殺，或用其他動物代替作爲犧牲，這種祭祀曠日持久，耗資巨大。印度古代很多著名帝王都曾舉行過。

5·人祭，施祭的目的是企求在馬祭中所沒有獲得的東西。很多學者都認爲馬祭是代替人祭的一種形式，在吠陀文獻中屢次提及以人作爲犧牲的事實。近年的考古發掘也證實了這

種祭祀儀式的存在。如《白耶柔吠陀》中曾舉可作犧牲的一百八十四種人，並各有獻祭的特定物件，如對閻摩王用石女；對暴風神摩錄多用農民；對天神用禿頭翁；對地神用跛者；對死神（米利多）用獵人；對眠者用盲人；對舞者用詩人；對歌者用職官；對地獄用殺人犯；對黑暗用盜賊等。作犧牲的方式不一，有的可自投於水；有的在禮拜太陽神後永遠隱遁山中等。但吠陀文獻中也規定可用牲畜、穀物等替代。

6．全祭，婆羅門出家前舉行的祭祀，出家者將其全部財產與眷屬都奉獻於人和神。

婆羅門教的典籍

婆羅門教的根本經典是吠陀。中國古代史籍中音譯為昆陀、薜陀、圍陀；意譯為明論，知論等。原意為宗教的知識，後來轉化為對婆羅門教、印度教經典的總稱。從狹義上說，吠陀只是指吠陀本集。從廣義上說，吠陀是用吠陀梵文寫作的一些西北印度文獻的匯總，是關於對神的誦歌和禱文的文集，約在西元前二十世紀到前十世紀間形成，它包含吠陀本集、梵書、森林書、奧義書。

吠陀本集共有四部：《梨俱吠陀》（《贊誦明論》）；《耶柔吠陀》（《祭祀明論》）；《娑摩吠陀》（《歌詠明論》）；《阿闥婆吠陀》（《禳災明論》）。這四部書又可分為兩組，前三部是一組，《阿闥婆吠陀》是另一組。

《梨俱吠陀》是吠陀中最古老的本集，它約在西元前二十世紀末形成，但其中部分可能出現於西元前二十世紀中葉，全書共十卷，收集了對於自然諸神的讚歌和祭祀禱文共一千零二十八首；《娑摩吠陀》是把《梨俱吠陀》中的絕大部分讚歌配上曲調的歌曲集或旋律集，在祭祀時用來歌唱，共一千五百四十八首；《耶柔吠陀》的內容主要是說明在祭祀時如何應用這些詩歌和如何進行祭祀，其中大多數讚歌亦出現在《梨俱吠陀》本集中，《耶柔吠陀》又分為《黑耶柔吠陀》、《白耶柔吠陀》二類，前者是本頌與釋文分辨不清，後者是本頌和釋文區分很清楚。《娑摩吠陀》、《耶柔吠陀》出現的時間較《梨俱吠陀》為晚，大約在西元十世紀以後。

《阿闥婆吠陀》約形成於西元前十世紀前後，是巫術、咒語的彙集，共二十卷，收集讚歌七百三十首，記錄了各種巫術和咒法，它與民間信仰有著密切的關係，雖然主要記錄的是巫術、神話，但亦夾雜著一些科學，特別是天文學、醫學思想的萌芽。

吠陀本集的漢譯名，中國古代各個時期不盡相同。如三國的《摩登伽經》譯爲贊誦、祭祀、歌詠、禳災；南朝劉宋的《雜心論》譯爲憶力、阿他、耶訓、三摩；隋《百論疏》譯爲荷力、冶受、三摩、阿闥；唐《西域記》譯爲壽、祠、平、術；《金光明經疏》譯爲顏力（壽明）、耶樹、娑摩、阿闥（術明）。這些不同譯名，反映了中國古代不同時期對婆羅門教的理解。

一、梵書。亦稱婆羅門書、淨行書，是說明與吠陀本集有關的祭祀的起源、目的、方法及讚歌、祭祠、咒術的意義的文集。四部吠陀本集都有各自的梵書，目前留存下來的約有十四到十五部，如《愛達羅氏梵書》是《梨俱吠陀》的梵書，《百道梵書》是《耶柔吠陀》的梵書。由於對梵書的不同解釋或流行地區不同，還形成了眾多的派別。梵書的主要內容雖然是宗教儀式、神話、巫術，但也涉及到當時的社會生活、歷史和自然科學，形成年代約在雅利安人從次大陸西北五河流域漸次向東南遷移，定居在恆河和朱木那河流域以後，年代一般推定爲西元前十世紀至西元前八世紀左右。

二、森林書。音譯阿蘭耶迦、阿蘭若迦。阿蘭若迦爲森林之義，乃取「森林中遁世者所讀誦」之義爲名，供婆羅門教徒或剎帝利等上層種姓的婆羅門教徒過隱居生活時學習之用，爲梵書的附屬部分。此書與奧義書可謂梵書之續編。主要內容在闡述祭祀理論，以及人與自

然、神等關係之哲學問題，其義幽微，在性質及形式上與梵書無大差別。現存的森林書有廣森林書、鷓鴣氏森林書、他氏森林書、憍氏多基森林書。

三、奧義書。奧義書一詞的字面含意是「坐在老師的近旁」，隨著演變，有了「對坐以授祕密知識」之意。這表示了《奧義書》的祕密傳授的特點。《奧義書》文體優美、自由，書中每個寓言都洋溢著清新的智能。全部的奧義書有一百多部以上，其中最主要的古《奧義書》有十一部，被所有印度思想體系視爲神聖智識的寶庫。

《奧義書》關注人，特別關注對人的精神研究和探索。它不但對印度哲學思想有著深遠的影響，而且由它產生了對世界影響頗大的瑜伽思想。較早的《麥特羅耶尼耶奧義書》就提出了「六支瑜伽」，後來演變爲「八支瑜伽」，形成了瑜伽體系。當今在時尚人群中流行的瑜伽其實就是瑜伽體系中最基本的一種——哈他瑜伽，也叫身體瑜伽。

除吠陀本集、梵書、奧義書等所謂天啓聖典外，還有另一種稱作經書（「契經」）的傳承（「聖人學者所傳承」）經典。這種經典是婆羅門學者在講解吠陀時的記述或教科書。經書文體簡短，使人易於記憶、背誦。內容大致分類如下：法經，即對四種姓的義務（法）、行爲和行事等規定的彙集，後世又有解釋法經的法論；天啓經，祭官所司重要祭事的說明；家庭經，家長所

司重要祭事的說明；祭壇經（準繩經），即對祭場、祭壇、祭火等的設置規定。以上四者總稱爲祭事經或劫被經，著作年代大概在奧義書之後，即西元前六世紀至二世紀之間或更後一些時間，另外還有解釋吠陀的吠陀輔助學（「明論支節錄」），即從經書、發音、詩韻、語法、字源、天文學等方面解釋吠陀的分類著作。

婆羅門教的傳播和發展

西元前六世紀至西元四世紀是婆羅門教的鼎盛時期，西元四世紀以後，由於佛教和耆那教的發展，婆羅門教開始衰微。西元八、九世紀，婆羅門教吸收了佛教和耆那教的一些教義，結合印度民間的信仰，經商羯羅改革，逐漸發展成爲印度教。印度教與婆羅門教沒有本質上的區別，其教義基本相同，都信奉梵天、毗濕奴、濕婆三大神，主張善惡有報，人生輪迴，輪迴的形態取決於現世的行爲，只有達到「梵我同一」方可獲得解脫，修成正果。因此，印度教也稱爲「新婆羅門教」，前期婆羅門教則稱爲「古婆羅門教」。

關於婆羅門教和印度教傳入緬甸和東南亞各國的時間問題，中外學者們各持己見，爭論不休，眾說紛紜，至今莫衷一是。中國學者段立生認爲婆羅門教大約於西元前一、二世紀首

先傳入柬埔寨，然後遍及東南亞各國；中國學者黃心川認爲婆羅門教大約於西元前後由印度的阿薩姆進入上緬甸，再由緬甸傳入湄公河流域；緬甸學者敏悉都認爲婆羅門教大約於西元三世紀以後首先傳入緬甸，然後傳入東南亞地區；但是根據緬甸最新考古挖掘出來的文物來看，中國學者姜永仁認爲婆羅門教大約於西元前三世紀，至少和佛教一起或者西元前三世紀以前早於佛教傳入緬甸，然後由緬甸傳入東南亞泰國、柬埔寨等其他國家。

姜永仁解釋說，因爲自古以來，緬甸人就信奉婆羅門教，他們信奉婆羅門教神明，信奉自然神和民族神，先後發展成爲內三十七神和外三十七神。內三十七神中，就有婆羅門教神濕婆、象鼻天和都拉薩迪智慧女神。在外三十七神中有婆羅門教神天帝釋作爲第一位神明，也就是眾神之主。因此，早期緬甸人信奉的宗教是佛教與婆羅門教的混合體。關於婆羅門教在緬甸的傳播與發展，緬甸文獻記載的很少，只能根據緬甸考古挖掘出來的文物來判斷早期緬甸人的宗教信仰。緬甸考古發現的太公國時期、毗濕奴時期、漢林時期、室利差旦羅時期的骨灰甕和古錢幣上，有法螺、水波紋、吉祥威薩圖案、三叉矛圖形，說明緬甸自太公王朝開始婆羅門教就從印度傳入緬甸，因爲法螺是婆羅門教毗濕奴大神的手持物，水波紋是毗濕奴大神休息時坐騎龍戲水的象徵，三叉矛是濕婆的手持物，吉祥威薩圖案是毗濕奴大神妻子吉祥仙女的象徵。

婆羅門教自從傳入緬甸以後，在緬甸得到了較快地發展，到西元後驃國的毗濕奴時期、漢林時期、室利差旦羅時期時，婆羅門教在緬甸已經發展到了鼎盛階段。但是從西元一〇四四年建立的緬甸蒲甘王朝開始，由於佛教被定爲國教，婆羅門教的發展受到了限制，開始逐漸衰退，但至今仍然存在於緬甸現代社會當中。縱觀緬甸歷史發展的整個時期，緬甸人都信奉過婆羅門教，換句話說，婆羅門教的影響貫穿緬甸歷史發展的各個階段，甚至在緬甸當今社會裡仍然可以找到婆羅門教的影子。緬甸首都仰光至今仍然有印度教友誼協商會，有斯利斯利濕婆克里斯納寺和斯利斯利都爾伽寺，人們仍然信奉婆羅門教的神明，婆羅門教占卜術至今盛行於緬甸民間。

從婆羅門教在緬甸的發展與傳播，我們可以大致將其歸納爲四個時期，第一時期是傳入階段，大約在西元前三世紀或者更早一些時間，由印度伴隨雅利安商人到緬甸做生意傳入緬甸太公國。第二時期是發展階段，大約從太公國經過毗濕奴城、漢林城、室利差旦羅城驃國發展的三個城邦國家以後，婆羅門教在緬甸已經發展到鼎盛時期。第三時期是衰落階段，從蒲甘王朝到貢榜王朝時期，婆羅門教在緬甸開始逐漸衰弱。第四時期是殘留階段，從貢榜王朝到現在，婆羅門在緬甸只有印度移民還繼續信仰，緬甸人則已經不再信仰了，但是婆羅門教在緬甸人中的影響仍然存在。

婆羅門教對緬甸文化影響較大。首先婆羅門教是緬甸人最早信奉的宗教，婆羅門教神被作爲佛教的保護神而引入佛教的範疇，天帝釋作爲緬甸至今仍然信仰的三十七位傳統神的第一位大神而備受崇拜；其次，婆羅門教的宗教儀式被廣泛吸收和應用在緬甸封建王朝的各種儀式中，緬甸歷代封建王朝宮廷中都聘用婆羅門祭司，用婆羅門教禮儀主持宮廷大典和國家大典；第三，婆羅門教的花紋圖案普遍被應用在緬甸的佛教和民用建築藝術上；第四，婆羅門教的占星術傳入緬甸，至今流行於緬甸社會；第五，婆羅門教的神話故事傳入緬甸，形成了傳統節日；最後，婆羅門教的故事對緬甸文學也有較大的影響，羅摩衍那戲劇至今仍長盛不衰。

巴哈伊教

巴哈伊教

巴哈伊教創立於十九世紀四〇年代的波斯（今伊朗）。巴哈伊教是在伊斯蘭教的一個小教派——巴布教派的基礎上產生的，而巴布教派宣布脫離伊斯蘭教，所以巴哈伊教絕不是伊斯蘭教，這已為埃及遜尼派伊斯蘭教法庭的判決結論所證實：巴哈伊教是一種完全獨立於伊斯蘭教之外的新宗教，巴哈伊教的歷史雖然還不足兩百年，但它不僅是當代最活躍的一個新型宗教，而且也是一個獨立的、世界性的宗教。

目前，全世界的巴哈伊教信徒約五百多萬，佔世界總人口的百分之〇．一，分布在兩百零五個國家和地區。由於它有更加現代化的內容、更為簡化的宗教儀式、更為寬容、更為開放、更為世俗化，所以在二十世紀六〇年代以後取得了驚人的發展。它是目前分布範圍僅次於基督教的宗教。

巴哈伊教的起源

巴哈伊教產生於十九世紀中葉的伊朗，那裡奉伊斯蘭教什葉派中的十二伊瑪目教派爲國教。巴哈伊教在一八六三年脫胎於十二伊瑪目教派中的一支巴布教。一八四四年，密爾薩．阿里．穆罕默德，(1820—1850年）提出新的教義，認爲人類要得聖恩，必須通過一座「門」（阿拉伯文為 Bab，音譯為「巴布」），而他本人即是這座「門」——巴布。其思想很快風行波斯各地，此教派也被稱爲「巴布教派」。但巴布教派被正統教派視爲異端，教徒遭迫害，巴布本人在監禁後於一八五〇年遇害，同期被殺的巴布教徒多達兩萬。

一八六三年，在巴格達的蕾茲萬花園，一名叫巴哈歐拉（意為「上帝的榮耀」，1817—1892年）的波斯貴族宣稱自己是巴布生前指定的上帝的新使者，是巴布所預言的阿拉「應許要來的人」，也是各種宗教的神所允諾過的顯示者。巴哈歐拉的出現引起巴布教派內部的分裂，其中大部分教徒追隨他而形成新的教派——巴哈伊教。巴哈歐拉一生中的四十餘年都是在放逐與監禁中度過的。他在獄中完成了一百多部著作，系統地闡述了巴哈伊教派的教義與律法，其著述因此成爲該教的聖典。由於教徒在伊朗始終受迫害，巴哈伊教便逐步到中亞——印度、緬甸、埃及、蘇丹等地發展。一八九四年，在美國建立了第一個巴哈伊教社團。此時，巴哈

伊教徒已有數十萬之多。巴哈歐拉去世後，指定其長子阿博都·巴哈（意為「榮耀之僕人」，1844—1921年）爲繼承人，成爲巴哈伊教團的領袖。阿博都·巴哈曾與其父親長期受監禁，直到一九〇八年土耳其發生革命，他才獲釋。之後，他不斷對巴哈歐拉的著作進行詮釋，並到歐美各國旅行傳教。

一九一二年，阿博都·巴哈親自在芝加哥爲西方首座巴哈伊教靈曦堂主持奠基典禮，到他逝世的一九二一年，巴哈伊教已傳播到三十三個國家和地區，巴哈伊社團在北非、遠東、澳大利亞和美國紛紛建立。阿博都·巴哈臨終前指定其長女之子索基·愛芬迪（1897—1957年）爲巴哈伊教的聖護及其教義的闡釋者。此後，巴哈伊教的聖典開始被譯爲各種文字，同時也完善了教內的組織系統，將各地的巴哈伊社團組成獨立的地方教會，設立三級教務制——地方靈體會、國家的（或地區性的）總靈體會及中央教會。到索基·愛芬迪逝世之前，巴哈伊教已傳播到兩百多個國家和地區，並成爲世界性的、獨立的宗教。

巴哈伊教的教義

巴哈伊教的核心教旨有三條——上帝唯一、宗教同源、人類一家。巴哈歐拉具體闡述了該教這三大原則。

一、上帝唯一。巴哈伊教自稱其是一神宗教，提倡一種普世宗教。巴哈伊教主張神是獨一而全能的，是超自然的精神實體；世界各大宗教雖然對神的稱謂不同，如稱之爲上帝、阿拉、佛、主等，但神靈本身是統一的，並且各種宗教本質上都來自同一神聖的根源；因此一個已有宗教信仰的人若再信巴哈伊教，不需放棄原信仰，而巴哈伊教徒也可自由出入各教的廟宇進行崇拜。該教主張，阿拉是獨一無二的、全知的、全能的，是宇宙的締造者，也是世間萬物和人類的創造者、啓動者和支配者。巴哈歐拉說：

「所有讚美都歸於上帝的一致，所有榮譽和支配者都屬於他——宇宙的萬軍之主和無與倫比、無比榮耀的統治者。他從虛無之中創造了萬事萬物。」

阿拉雖是獨一的，但可以取不同的名稱，如上帝、神、天主、佛陀，雖然稱謂不同，實質卻是一致的、統一的。他是宇宙的核心、宇宙的最終目的和本質。該教還承認來自各教的神的九名使者，即亞伯拉罕、克里希那、摩西、瑣羅亞斯德、釋迦牟尼、耶穌、穆罕默德、巴布和巴哈歐拉。該教主張所有先知的本質是相同一致的，他們之間的唯一性是絕對的。

二、宗教同源。和人類一致的原則相聯繫，巴哈伊教還提倡宗教同源的原則。巴哈歐拉闡明了這樣的基本原則：

「宗教的原理不是絕對的而是相對的，神聖啓示是一個相繼發展和逐漸演進的過程，全世界所有偉大宗教的起源是神聖的，它們的基本原則完全和諧一致，它們的目的和意旨是一致和相同的，它們的教義是同一眞理的不同角度，它們的作用是互補的，它們的差異是存在於教義中的次要方面，它們的使命代表人類社會靈性發展的連續階段。」

因此，各宗教之間不應敵對，千萬不要使宗教紛爭及不和的因素成爲仇恨與敵意的根源，對一切宗教和各教派的信徒均應一視同仁，取寬容的態度。人的宗教派別之不同，不應成爲相互敵對和疏遠的根源，也不應成爲和平、安寧和友好交往的障礙。神聖的宗教並不是分歧與爭執之道，假如宗教成了對抗與衝突的根源，那麼，倒不如沒有宗教。宗教應成爲國家的活躍因素，假如它成爲人類死亡之因，那麼它的不復存在對於人類來說反而是一種福祇和裨益。因此，巴哈伊教提倡人與人之間要放棄一切偏見和鬥爭，發揚個人的高尚道德和友愛精神，維護世界和平，實現人類大同。

三、人類一家。現實世界的所有人，不分男女，都是阿拉的兒女，人人都是平等的，不管種族、膚色、社會地位如何，人類皆兄弟，應該和諧統一，眞誠相愛，互相信任。整個人類是一個統一的獨特種族，是一個有機體的單位，是阿拉創造物的頂點，是創造的生命和意識中最高的形式，能夠與阿拉的神靈交往。巴哈歐拉說：

「你們是同一棵樹上的果實，同一樹枝上的葉子，用最虔誠的愛、和諧及友情與大家相處吧……團結之廣如此強大，它能照亮整個地球。」

他還強調，人類是有差異的，這正像花園中的花朵，不管種類、顏色和形狀有多麼不同，但是，由於它們受到同一泉水的澆灌而清新，受到同一和風的吹拂而復活，受到同一陽光的照耀而成長，這一多樣性便增添了它們的美和魅力。既然人類是一致的，那麼就不應該繼續生活在充滿衝突、偏見和仇恨的混亂世界裡，爲此，巴哈伊教反對人與人之間互相作對和互相殘殺，提倡廢除伊斯蘭教有關「聖戰」的教義。

巴哈歐拉除規定教義外，還闡述了該教豐富的社會倫理思想，其特點是積極入世，關心俗世生活，實現其世界大同的宗旨。具體主張有：注意培養良好的品德，如誠實、可靠、正義、崇拜神等；要求信徒忠於其政府，並以無私和愛國的方式爲國家利益服務，但反對教徒

參與公職競選及參加政治活動；既要消除物質間的貧富差別，也要平衡物質與精神雙方的需求，反對行乞，主張自食其力；消除各種族、各宗教、各階層、各國家及性別間的偏見，主張男女平等，一夫一妻，促進個體能力的發展，普及教育，維護世界和平，建立世界新秩序，反對任何戰爭，限制自然資源的開發等。據此社會倫理思想，巴哈伊教徒努力爭取爲人類服務，實現人類「天下一家」、世界大同的教旨。

巴哈歐拉的這些主張，基於以下的理論基礎：塵世的物質文明雖是人類進步的途徑之一，但只有當物質文明與精神文明結合起來，才能達到理想的目標人類幸福。物質文明如同一個玻璃球，精神文明如同光源，沒有光明時，玻璃球只是漆黑一片。物質文明又如同軀體，無論多麼別緻、典雅與美麗，它本身是缺乏生機的；而精神文明有如靈魂，軀體的生命來自靈魂，沒有靈魂時它僅是行屍走肉。爲了提高人類的精神文明程度，就要限制自己的物質慾望。凡是追尋世俗的慾望與專心於物質享受的人，不能算爲巴哈伊的信徒。一個人若能路經遍布黃金的河谷，而仍如浮雲般毫不遲疑地直行而過，不屑回顧，這樣的人才是眞正信奉上帝的人；一個人若能在遇見一個絕代佳人時，心靈絲毫不會被貪戀美色的陰影而吸引，這樣的人才眞正是貞潔無瑕的創作。

巴哈伊教的儀式和節日

巴哈伊教主張簡化甚至取消一切宗教儀式，因爲通向阿拉的道路是隱蔽的。如果要禮拜，那麼一天三次就足夠了——即晨禮、晌禮、宵禮就足夠了。清眞寺的集體禮拜要予以廢除，每個教徒只須單獨禮拜。旅行時，整個禮拜只用一個磕頭禮就可以完成，甚至只用口誦「讚美阿拉」就算完成。淨禮只洗手、臉、腳或清水浸浴即可。

巴哈伊教沒有專職的教士和人爲的禮儀，教徒自行祈禱，每次聚會通常也是以祈禱開始，並以祈禱結束，所用的經文可以是巴布、巴哈歐拉或阿博都·巴哈的著作，亦可以是《聖經》、《古蘭經》或其他經文；祈禱語不限，形式不拘。入教時也不行洗禮或舉行其他儀式及更換姓名，只要堅信認識了眞理，並願作「人群的僕役」，塡寫表格，上交靈體會保存後，即成爲該教信徒。巴哈伊教反對苦行、修道院生活及托缽僧制。

他們有自己的曆法，由巴布創立，巴哈歐拉最後確立：一年爲十九個月，每月十九天，不足三百六十五天的日子算過年。每月的第一天教徒要舉行靈宴會，每年十九次，是巴哈伊教徒重要的宗教活動；靈宴會上教徒通常要祈禱、誦經、協商教務及一些文娛活動和餐飲。

第十九個月爲齋月，共十九天，齋月結束的次日爲新年（西曆的三月二十一日）；一年有九個聖日：元旦靈宴節（三月二十一日）、蕾茲萬靈宴節（三月二十一日、四月二十九日和五月二日）、巴布宣布受命的紀念日（五月二十三日）、巴哈歐拉的忌日（五月二十九日）、巴布受難日（七月九日）、巴布的誕辰日（十月二十日）、巴哈歐拉的誕辰日（十一月十二日）。教徒在九個聖日裡不工作，集會做特別祈禱。

巴哈伊教還爲教徒規定了九項宗教職責——每日奉祈禱爲義務；遵循齋戒；勤奮工作，並視工作爲崇拜；傳播上帝的事業；禁煙酒及麻醉品；遵守婚約；服從政府而不參與政治活動；不傳播流言蜚語及中傷他人。

巴哈伊教的典籍

巴哈伊教的經典主要是巴布和巴哈歐拉的著作，以及阿博都．巴哈和索基．愛芬迪對這些聖著的闡釋。

僅巴哈歐拉的著作就有一百多部，主要有：《至聖經》，又譯《亞格達斯經》，是戒律集；《篤信之道》，又譯《確信經》、《意綱經》等，闡述基本教義和上帝及宗教的本質；《隱言經》，是啓迪人們心靈及修正人的行爲的警語彙集；《七條山谷》，揭示了人的靈魂在尋覓到生活之目的以前所必須經歷的七個階段等等。目前，其聖典已被譯成八百多種語言及方言。除此之外，巴哈伊教也崇奉其他宗教的經典，如《聖經》、《古蘭經》等。

一、《至聖經》。巴哈歐拉最重要的經典著作。他在該書開篇反覆重申自己是「王中之王」，他的使命就是要在世上建立阿拉的帝國。書中宣稱，他的兩個主要目標就是：宣布改造個人和指導人類的律法；創造一個行政系統，來管理那些由承認他的人所組成的社團。

二、《篤信之道》。內容廣博，傳說是爲回答巴布的一個叔叔而寫的。該書對一些宗教最本質的問題一一探究，博引猶太教、基督教和伊斯蘭教的經典，詳述了宗教同源的原理和宗教啓示演進的理論和證據。這部書被認爲是巴哈伊教教義的骨架，是巴哈伊信仰的奠基之作。

三、《隱言經》。是一部格言集，類似散文詩的風格。該書以眞主之口吻表達了巴哈歐拉本人對信仰、道德和靈性精神的觀點，成爲巴哈伊教倫理的核心，體現了眞主與人類靈魂的溝通，是天啓靈性指引的精華。

四、《七條山谷》。用一個象徵主義的神話故事來答覆一位蘇菲教派的學者。書中描述了靈魂經歷探索、愛、知識、團結、驚奇、眞貧和絕對虛無這七座山谷，飛向眞主懷抱的過程。本書也是優美的散文體裁，其主旨在於強調人類精神不斷提升的永恆主題。

巴哈伊教在歐美的傳播和發展

應該說，巴哈伊教在世界性獨立宗教中是最年輕的，連其先驅巴布教派算起，也僅有一百五十多年的歷史。從一九五七年到一九六三年，該教保持在四十萬教徒的規模，但六〇年代以後，到一九九一年，一下子猛增至五百四十萬人。

巴哈伊教從一八四四年到一八九〇年，基本上是在伊朗和中東地區傳播的，西方人知之者甚少。一八九〇年，英國劍橋大學東方學家愛德華．布朗教授拜會了巴哈歐拉，他成爲最早向西方世界介紹巴哈伊的西方學者。一八九三年，美國芝加哥世界商品交易會召開「宗教國會」大會，一位基督教發言人引用了巴哈歐拉一八九〇年對布朗的一段談話，這是美國最早提到巴哈伊的記錄。稍後，一位在埃及開羅加入巴哈伊教的敘利亞商人伊布拉欣．赫雷拉移居美國，在他的影響下，美國保險公司的一位董事桑頓．蔡斯，成爲美國的第一位巴哈伊

信徒，之後，露易莎·格辛爾也成爲巴哈伊，並成爲赫雷拉的妻子。之後百萬富翁菲爾畢·厄斯特太太入教。他們組織十五名巴哈伊信徒，於一八九八年十二月十日到達以色列阿卡去朝聖。他們成爲美國巴哈伊活動的開端者。

之後，巴哈伊教在歐洲和北美洲緩慢地傳播著。一九一一年，阿布杜巴哈造訪倫敦、巴黎、斯圖加特等城市，一九一二年又訪問紐約、芝加哥等四十餘城市，以及加拿大蒙特利爾等城市，擴大了巴哈伊教的影響。在這一階段，傳播巴哈伊教最有力度的是一九〇九年的瑪莎·路特女士，她是美國的名門望族，從一九一五年開始環球旅行；她的四次環球旅行長達二十年，把巴哈伊信仰帶給了各國社會的不同層次——國王、王后、大臣、大學校長和普通百姓。羅馬尼亞王后瑪麗亞和中國清華大學校長曹雲祥，都是經過她而加入巴哈伊教的。但是，無論如何傳播，此時巴哈伊教的傳播，還只是處於自發的無系統組織、無計畫傳播的階段，所以全部教徒也不過十萬人，還未形成世界性大宗教。

對巴哈伊教傳播貢獻最大的是邵基·阿芬第。他本人出身於英國牛津大學，有西方文化的知識，他用嫻熟的英語闡釋了許多巴哈伊教著作，用極大精力發展巴哈伊教務行政體系。從一九三七年開始，他開始推動一系列計畫，向世界大部分國家推介巴哈伊教義。一九三七

年四月開始的第一個七年計畫實現了三個主要目標——在美國的每一個州和加拿大的每一個省至少建立了一個地方靈體會；確保拉丁美洲每一個國家，至少有一位巴哈伊導師；完成美國芝加哥第一個巴哈伊靈曦堂的設計。一九六四年開始第二個七年計畫，完成的主要任務是——在西歐各國建立地方靈體會、拉丁美洲各國建立地方靈體會、在加拿大建立國家級靈體會，並登記成爲財團法人。一九五三年又推行十年世界運動，雖然邵基·阿芬第於一〇五七年逝世，但預定的目標均已實現。一九六三年四月在以色列海法，五個國家總靈體會的代表選出了由九名成員組成的第一屆世界正義院，四十萬教徒分布到世界絕大多數國家和地區。經過邵基·阿芬第的推動，巴哈伊信仰眞正發展成爲一個全球性宗教。

世界正義院成立以後，又開始推行新的全球發展戰略。從一九六四年開始，先後完成了九年計畫、五年計畫和七年計畫。其結果是，到一九九一年底，巴哈伊教成爲分布範圍僅次於基督教、擁有五百四十多萬教徒的新興世界宗教。

巴哈伊教在中國的傳播和發展

有歷史記載的第一個到達中國的巴哈伊教徒，是伊朗人哈志米爾笏。他是一位富商，與巴布本人有親戚關係。他於一八六二年到達上海，專門從事貿易，主要經營茶葉、金銀首飾和瓷器生產，一直到一八六八年。後來，他又於一八七〇年到達香港，那時香港已經成爲一個大商埠，巴哈伊教是提倡經商的，他自然沒有放過香港，在香港住了一些時日經商。他在上海和香港是否傳過教不得而知，因爲沒有史料能證明當時是否已有中國巴哈伊教徒。

受兄長的影響，弟弟布林澤格也於一八七九年來到香港，和哥哥一起從事貿易，他們合開了一家貿易公司，有關生意方面的情況，常寫信給巴哈歐拉和阿布杜巴哈，但未談及在中國傳教的情況。稍晚一些時候，巴布的另一個親戚，即其妻侄阿卡・米爾笏・易布拉欣也於一八八一至一八八二年間到過香港。這期間來港的巴哈伊教徒主要是經商，而且人員往來流動性大。

十九世紀最後來華的兩個巴哈伊，於一八八八年到過西藏，但並沒有更進一步的紀錄。

進入二十世紀，巴哈伊教在中國的活動多起來。一九〇二年，伊朗人阿卡・米爾笏、馬赫迪・拉什迪和阿卡・米爾笏、阿布杜勒・巴基・葉齊德到達上海，創辦歐麥德公司，前者除在一九一九年到聖地朝聖以外，其餘時間一直住在上海經商，直到一九二四年一月一日在上海

去世。在他的影響下，上海已有當地的巴哈伊信仰者。一九一〇年，查理斯·萊梅和哈樂德·斯特魯芬來到上海，據說他們是第一批到中國的西方巴哈伊信徒。

一九一四年，眞正有組織的巴哈伊傳教活動在上海開始。三十九歲的侯賽因·烏斯庫里和他的兩個同伴在這年到達上海，稍後，他的家人也來到上海。他的家早期住址不詳，但已經成爲巴哈伊信徒在中國最早又最固定的活動地點。一九二八年，他將家搬到江西路四五一號，一些中國人在他和其他巴哈伊信徒的影響下成爲巴哈伊教徒，他的家也就成爲中國巴哈伊信徒的集會點，同時也成爲訪問中國的外國巴哈伊教徒的接待站。就在這一年，首屆上海地方靈宴會（當時稱精神議會）成立，成員中既有外國巴哈伊，也有中國巴哈伊，烏斯庫里擔任第一屆祕書。他還負責和邵基·阿芬第的聯繫。一九三五年，他轉赴臺灣，在那裡做茶葉生意。後來又返回中國大陸，在抗日戰爭和解放戰爭時期仍然居留在中國，直至解放後於一九五六年二月在上海去世，在華時間達四十二年。

一九一七年，阿卡·米爾笏、艾哈邁德和拉迪·塔布里茲等十一名波斯巴哈伊信徒，一起來到上海，成爲有歷史記載以來來華最集中的一次巴哈伊傳教活動。他們在上海出版了一部介紹巴哈伊信仰的小冊子。一個原在上海的朝鮮族巴哈伊信徒和他們有協作活動，將一封阿布杜巴哈的書簡翻譯成中文，這封書簡被認爲是在中國出版最早的巴哈伊中文材料。

一九一五年，巴哈伊傳教史上最富於傳奇色彩的女信徒瑪莎·路特開始了她長達二十年的環球旅行，於一九一七年第一次來到中國東北地區。瑪莎·路特於一八七二年生於美國俄亥俄州，一九〇九年成爲巴哈伊教徒。一九一五年，她爲了廣爲傳播巴哈伊教義，儘管身體不好，也不是十分富有，但她還是下決心進行環球旅行，傳播巴哈伊信仰。在二十年間四次環球旅行中，她四次訪問中國和日本，三次訪問印度，足跡遍及南非各主要城市和歐洲各國，把巴哈伊信仰帶給不同層次的社會人士，其中有國王、大臣、王后、大學校長、宗教領袖和普通百姓，如羅馬尼亞王后瑪麗亞、南斯拉夫王后、挪威和伊拉克國王、奧地利總統等。最後，她於一九三九年在美國夏威夷去世。她的傳教活動受到邵基·阿芬第的高度讚揚，譽之爲宗教使者領袖。瑪莎·路特一九一七年在中國東北只作過短暫停留，因此，東北沒有留下她傳教的記錄。

一九二三年四月二十五日，瑪莎·路特從日本大阪啓程前往中國北京。到達北京之後，她住在平安坊旅舍。在北京，她居住了七個多月的時間。從五月開始，她開始了傳教活動。先是在燕京女子師範大學發表了兩次演講，並擔任一些教務工作。她在英文報刊上發表文章，介紹巴哈伊信仰，並將這些文章中的一部分彙編後用中英文出版。

初秋，她到北京世界語學校任助理教師，透過她，該校的一些學生開始和邵基．阿芬第通信。就在這時，清華大學校長曹雲祥博士結識了她，並和妻子一起成爲巴哈伊信徒。

一九二三年十一月四日，瑪莎．路特組織了中國歷史上第一次巴哈伊的精神會餐——靈宴會。在此前後，她透過曹雲祥的安排，在馮玉祥開辦的軍校裡發表演講，介紹巴哈伊信仰，有萬餘名師生聽了她的演講。這次她在北京的其他活動還有：在東單牌樓清眞寺向阿訇介紹巴哈伊信仰，結識中國當時社會名流、政府官員、知識份子，其中包括黎元洪的顧問，使其中的部分人成爲巴哈伊。除曹雲祥以外，鄧宸銘（音）也成爲巴哈伊，鄧還倡議在北京創辦一所以巴哈伊精神爲宗旨的學院，只是未等有結果，他便陪同瑪莎．路特於十一月二十五日，離開北京到天津和山東等地活動。他們從天津到達濟南，在曲阜、煙臺等地進行了活動，然後南下徐州、南京、蘇州，於十二月底到達上海。

瑪莎．路特在上海逗留了三個月，從一九二四年一月開始，上海有九家報紙登載了她介紹巴哈伊信仰的文章，一月十三日，她在一家學校舉辦了有關推廣世界語的講座，順便介紹了巴哈伊信仰。第二天的《國民日報》便報導了她的這次活動。二月中旬，她到中部城市武漢等地進行爲期十九天的旅行演講，而後又回到上海。在上海期間，她先後在世界語協會、

儒教學會、神學會等團體中作講座，與《上海時報》主編成爲好友，經常爲該報撰稿介紹巴哈伊信仰，從三月十七日開始，她在各學校和俱樂部中馬不停蹄地作了十天講座。三月二十七日，她離開上海去香港。香港最早的巴哈伊信仰也是得力於她的傳教。

在香港，瑪莎．路特逗留至四月底，她在準備啓程去越南和柬埔寨之前，再度返回中國大陸，在廣州進行活動。這次在廣州最重要的成果，是通過廣州的中國巴哈伊教徒廖崇眞，拜會了孫中山。

一九三〇年，瑪莎．路特第三次來華。八月底，她到達廣州。九月，她拜會了當時的廣東省國民政府主席和將軍陳銘樞。她對陳的評價甚高，認爲他是一位著名將軍，多次親臨前線，出生入死，是一位具有遠大眼光和深思熟慮的人。這次在廣州時間雖短，但她在廣州電臺作過演講，在《廣州市政日報》上發表文章，宣傳巴哈伊教義。

一九三〇年九月二十日，瑪莎．路特從廣州來到上海。這期間，她在英國皇家亞洲協會作了三次講座，並與上海當地哲學與人文學會的學者們進行了座談，與曹雲祥博士再次會面。上海的所有當地報紙，連續八天刊登了有關巴哈伊信仰的文章。

瑪莎．路特於一九三七年六月底，又一次從日本到達上海，開始了她的第四次中國之行。她住在當時的租界內，由海路運來了許多中英文巴哈伊書籍，分別寄贈給中國各圖書館及知名人士，包括當時的南開大學校長。一九三七年八月十四日，由於戰爭在即，她被迫離開上海，乘傑弗遜總統號輪船轉往馬尼拉，永遠地結束了她的中國傳教活動，兩年後，她在夏威夷去世。

另一個貢獻較大的中國巴哈伊教徒是廣州人廖崇眞。他在美國康乃爾大學讀書時成爲巴哈伊信徒，得到過著名巴哈伊人士的教授。一九二三年春天，他回到廣州，在政府部門建設廳任農林局副局長兼農業課長。瑪莎．路特與孫中山會晤就是由他安排的。他將巴哈歐拉的《隱言經》、《世界書簡》、《美德書簡》等著作的英文本譯成中文，他的妹妹廖芳玲透過他也成爲巴哈伊。他的另一個妹妹則透過瑪莎．路特成爲巴哈伊，並充當她的翻譯。廖崇眞本人與邵基．阿芬第有書信來往，一九三七年曾去信向他彙報說，經過五年的審愼工作，他完成了《巴哈歐拉書簡》的翻譯工作，這是巴哈歐拉的著作首次被翻譯成中文。他的工作受到邵基．阿芬第的讚揚，他和他一家人的照片被邵基．阿芬第掛在阿卡巴哈歐拉住過的房子牆壁上。

新中國成立後，巴哈伊教的活動在大陸很長時間銷聲匿跡。改革開放以後，中國奉行宗教自由政策，允許公民有信仰宗教的自由，但由於巴哈伊教的特殊宗教文化背景和地位，該教並沒有在中國被註冊爲合法的宗教社團法人，不在中國承認的世界宗教之列。因此，巴哈伊教在中國的公開傳教活動是非法的。然而，隨著對外開放的進一步發展，巴哈伊國際社團的人員透過各種途徑在國外（尤其是美國）和國內廣泛接觸華人，使中國人越來越瞭解巴哈伊。

巴哈伊教在臺、港、澳的傳播和影響

一、巴哈伊教在臺灣。臺灣的巴哈伊教，在很長時間裡是用「大同教」的舊稱，這是因爲巴哈伊教所提倡的基本精神就是「世界大同」，在這一精神指導之下，該教認爲人類將不應該存在種族、宗教、國籍之分別及限制，全世界將以人類一體爲歸依，因此，前清華大學校長曹雲祥將西方學者愛斯蒙所著介紹巴哈伊的著作譯爲《新時代之大同教》。「大同教」之名於是風靡舊中國。

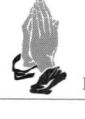

巴哈伊教義明確規定不設職業傳教士，因爲該教主張在當今的時代，每一個人都應該自行去探尋眞理，每一個人都應該用自己的眼睛去看，用自己的耳朵去聽，用自己的理解能力

去理解，因此傳教士之設立已沒有必要。但是，每一位巴哈伊教徒都有責任去傳播巴哈伊教義，傳播教義也就是實踐教義，被當作加強巴哈伊團體力量的表現。所以，巴哈伊教的精神領袖們非常重視每一位信徒自覺的傳教工作，提倡每一個人必須信賴施恩的上帝，並且機智地播施教義的眞理。只有這樣，世界才能爲上帝啓示之晨光所包圍。每一位信徒都必須充當天堂的農夫，播下純潔的種子。

在他們看來，其他種子的收穫是有限的，而屬靈的種子所獲得的恩惠與祝福是無盡的，因此，將巴哈伊教義傳播到四面八方，讓世人大都能分享其教義之恩澤，便成爲每一位巴哈伊教徒義不容辭的職責。阿布杜巴哈盛讚中國是一個極具潛能的國家，中國人民心靈純潔且愛好眞理，他號召巴哈伊信徒，前往遼闊的中國疆域，奠定上帝天國的基礎，發揚上帝的教化，高舉巴哈伊聖道的旗幟。遵循阿布杜巴哈的教誨，巴哈伊信徒到中國傳播該教，也有些臺灣留學生在海外成爲巴哈伊教徒。

臺灣地區的巴哈伊歷史，開始於一位伊朗人奧斯庫力涉足臺灣經商。侯賽因·奧斯庫力是長期在上海經商的伊朗巴哈伊，其女兒就是著名巴哈伊蘇萊曼的夫人。他們一家從二十世紀三〇年代便在上海居住、經商。奧斯庫力一九三五年到達臺灣，目的是採購茶葉，但他同

時也從上海帶去了一些中文版的巴哈伊書籍，分送給很多人。他在臺灣居留的時間不長，而是長住在上海，直至一九五六年病逝於上海，享年八十二歲。臺灣地區的第一位本地巴哈伊教徒，是旅美留學生朱耀龍，他是一位新聞從業人員，在華盛頓受教於米瑞姆．哈妮女士和愛德溫．巴哈姆夫婦，他一九四五年在華盛頓加入巴哈伊教，一九四九年回到臺灣定居。在他之後，臺灣又增加了四名巴哈伊——張天立、袁冕先、王之南、阮緒萇，前三位都是在美國成爲巴哈伊的，而後一位是通過朱耀龍介紹入教的。一九五三年，又有左利時、洪黎明、汪厚仁入教。在奧斯庫力之後去臺灣的伊朗巴哈伊教徒，是蘇萊曼夫婦。他們原居住在上海，一九五〇年回到伊朗。一九五四年十月二十二日，他們乘船從伊朗來到臺灣基隆。他們在臺南致力於傳教工作，到一九五五年，施宏謨、賀陳詞、杜光昭、白中錚、陸芸生、鄭誠章、蕭燦章、倪仁中等人入教，使信徒增加到二十一人。

一九五六年，臺灣的第一個巴哈伊地方靈體會在臺南宣告成立，但由於人員流動，第二年又產生了第二屆地方靈體會。一九五八年，臺北地方靈體會也宣告成立，成員包括王浦征、阮緒萇、王之南、袁冕先、蕭燦章、洪黎明，施宏謨爲總負責人，洪黎明爲祕書長。雖然有兩個地方靈體會，但一直到一九五九年全臺的巴哈伊教徒始終在二十多人的規模，人員流動性太大，有些教徒在島外活動，到一九五九年十月，蘇萊曼夫婦捐資，賀陳詞設計、王濟昌

監造，建成了臺灣巴哈伊活動中心。這之後，巴哈伊的許多活動都在該中心舉行，擴大了巴哈伊教的影響，教徒數量急劇增加。一九六三年四月二十三日，蘇萊曼夫婦和朱耀龍代表臺灣地區巴哈伊參加了在倫敦舉行的第一屆巴哈伊國際大會。一九六七年，全臺地區的總靈體會在臺北成立，此時的巴哈伊教徒已經增加到五百多人。總靈體會會址設在臺北市，總靈體會成立時，並沒有得到臺灣當局的承認，一九七〇年十一月二十八日蘇萊曼塡寫了法人登記證書，代表當時尚稱大同教的臺灣總靈體會正式註冊爲法人代表，申明該靈體會的目的是宣揚大同教義，處理全臺灣地區大同教教務及與全臺灣教友利益相關之事務，並興辦慈善公益社會福利事業。一九九二年四月二十七日，爲與全球華人區使用的名稱相統一，臺灣大同教正式改稱爲巴哈伊教。

臺灣的巴哈伊信徒分散在全島一百五十多個城市和鄉村中。每年都要選出教友代表，參加一年一度的全島年會，以選出總靈體會的九名成員。總靈體會和地方靈體會的編制一樣，成員由九人組成，設主席一名，副主席一名，祕書一名，會計一名，日常工作最重要的就是宣傳教義，並爲教徒安排定期集會，以增進教友之間敦睦與友愛的情感。在總靈體會的大樓內，也經常舉行各種集會，教徒大部分是中國人，還有不少來自美國、伊朗和馬來西亞的教徒：在臺灣巴哈伊教集會時，雖然不舉行任何膜拜儀式，但祈禱卻是必須的。祈禱的形式不

固定，每個人都可以自由選擇一種自認爲最莊嚴、最能和上帝溝通的方式來進行，祈禱文也由自己選定。教徒之間的關係親切而和藹，經常是笑臉相迎。集會的氣氛輕鬆愉快，但又不失莊嚴，使每一位參加集會的教徒都有一種和諧安寧的感覺。臺灣巴哈伊教的主要活動是舉行各種各樣的座談會，利用這一形式把巴哈伊信仰介紹給有興趣的親屬和朋友。

臺灣的巴哈伊教徒，也在各公共場所做傳教工作。另外，他們還經常舉辦深造班、夏令營、冬令營等活動，讓教徒們有機會聚在一起研習教義和探討經典。「十九日靈宴會」是臺灣巴哈伊教重要的固定聚會之一。一旦入教，教徒必須遵守許多義務，如每天祈禱，以禮待人，儀容整潔，勤奮工作，禁止遊惰、乞討，禁止賭博、飲酒，遵守巴哈伊教的婚禮，結婚必須自願且得到男女雙方家長的同意。一九七二年，巴哈伊婚禮的法律效力被臺灣當局承認爲合法。

臺灣巴哈伊教以前沒有出版社，巴哈伊教中文出版物主要來自馬來西亞。一九七二年，臺灣巴哈伊出版社得到當局批准宣告成立，以後出版了大量巴哈伊教書籍，如《十九日靈宴會》、《上帝之慧語》、《巴哈伊生活典範》、《巴哈伊教淺釋》、《巴哈伊教禱文》、《巴哈歐拉》、《巴哈歐拉的天啓》、《巴黎片談》、《世界和平的承諾》、《地方靈體會》、

《地方靈體會的崇高與偉大》、《信仰之命脈》、《淨化我心靈》、《新園》、《磋商》、《勵心集》、《隱言經》、《釋放太陽》等，其中影響最大的是一九七〇年出版、曹雲祥翻譯的《新時代之大同教》。這些書籍傳播了巴哈伊教義，並擴大了其影響。

臺灣巴哈伊也十分注重社會公益事業，如成立了臺灣巴哈伊環境保護處，從「天下一家」的立場，開展環保的一系列宣傳和教育，相繼推出各種與環保有關的課程、戶外活動、環保藝術展覽，如英國前自然環境監督官馬美華、馬羅德夫婦自一九八九年主理臺灣巴哈伊社團環保處，他們在一九九〇年夏天主持了一系列自然生態保護訓練班，訓練臺灣各地的小學教師有關環保教育的技術，期望能在課堂上培養小學生們對自然環境有「關懷備至」的態度。一九九一年三月至五月，他們共舉辦了三十八個研習班，參加訓練的人多達七百五十人，其中多數爲教師。馬氏夫婦著手的方法是向教師們提供保護自然資源教育計畫的基本要素，開展一系列遊戲和活動，在這些活動的背後，主導思想就是讓人們普遍樹立尊重所有生物的意識，從而普遍提高臺灣的環保意識。快速的經濟增長使臺灣成爲太平洋邊緣最繁榮的地區之一，但帶來的副產品卻是環境的嚴重惡化。開展這些訓練活動的目的，就是使公眾醒悟到保護自然環境的重要。

臺灣巴哈伊另外的公益活動是設立服務人群獎，獎勵對臺灣社會公益事業有貢獻的人才；在各大專院校設立獎學金，實踐巴哈伊重視教育的教義；在臺北林口建造靈曦堂，在其周圍設立學校、孤兒院、醫院等多種福利與慈善機構。巴哈伊總靈體會還支持了由佛教倡議建立的「世界宗教博物館」。這些事業，也擴大了巴哈伊教在臺灣的影響。與臺灣巴哈伊教聯繫密切的巴哈伊人士有兩位，一位是嚴雅青，另一位是美國人李玫瑰，她是巴哈伊國際社團洲際顧問助理，長期在臺灣和澳門從事巴哈伊教事業，並曾陪同巴哈伊教的精神領袖拉巴尼夫人到過中國大陸東北和西北的許多地方。她是那種「若沒有巴哈伊信仰便沒有生命和生活」的虔誠信徒，直到二十世紀九〇年代初逝世時爲止，在臺灣、澳門等地活動達二十年之久。

二、巴哈伊教在香港。香港早在一八八〇年就有伊朗巴哈伊教徒在活動，但直到二十世紀二〇至三〇年代才有香港人加入巴哈伊教，人數也少得屈指可數。據有關資料，有姓名可查的，一個叫貝志偉，供職於中國銀行香港分行，另一個叫劉燦松，供職於九龍咀。到一九四九年，美國巴哈伊教徒貝尼斯・務德女士到香港傳教；一九五四年，伊朗巴哈伊希思瑪・亞茲茲到香港定居，一九五六年發展了三名香港人入教。此時全港共有十四名巴哈伊教

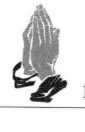

徒，他們於這年四月二十一日蕾茲萬節成立了香港第一個巴哈伊行政機構——「巴海教」香港地方靈體會，十四人中的一位愛爾蘭裔美國人被委任爲香港的第一位洲際顧問助理。

直至一九六五年，香港的巴哈伊教徒仍然只有三十七名，一九六九年以一家公司註冊，辦公地點設在九龍尖沙咀。一九七一年，教徒增至八十多人，成立了香港、九龍、沙田三個地方靈體會。一九七四年，教徒增至兩百七十人，成立了包括澳門在內的總靈體會。一九七六年十二月，在香港召開了巴哈伊教國際傳道大會，近千名各國巴哈伊出席。到二十世紀八〇年代初，香港巴哈伊社團仍以一家公司註冊，正式啓用「巴哈伊教」名稱。一九八八年六月十五日，香港立法局通過了承認包括澳門在內的「香港巴哈伊信徒總靈體會」的議案，議案由張有興代表巴哈伊教提出。該議案承認這一總靈體會爲港澳巴哈伊信徒的總機構，被賦予作爲合法團體擁有資產和參與香港事務的權力，港澳巴哈伊居民在社會、文化、道德、資訊、教育和靈事方面都可以作出貢獻。港督衛奕信簽署該議案條例草案，此項立法在同年六月十六日正式生效，至一九八九年四月三十日澳門巴哈伊總靈體會成立。一九九三年，香港巴哈伊教徒達兩千五百名，銅鑼灣區的巴哈伊會堂是他們的活動中心。

一九九二年十一月二十三日，巴哈伊世界大會在美國紐約市召開，二十六日結束，全球三萬多巴哈伊信仰者聚集在雅克維克斯中心，其中香港也派出代表子欒、鑽葉等人與會。同年的五月二十八日，在香港市政廳舉行了一百五十人參加的巴哈歐拉逝世一百周年紀念活動。一九九四年夏，香港巴哈伊信徒總靈體會派員到中國內地訪問，一九九五年二月，香港巴哈伊婦女委員會參加了香港非政府組織論壇贊助的「香港婦女放眼二十一世紀論壇」，黃元環代表巴哈伊在論壇上發言。

三、巴哈伊教在澳門

澳門的巴哈伊歷史開始於一九五三年，這年的十月二十日，一位美國加州女巴哈伊法蘭西斯·希拿到澳門拓荒，不久奈勒夫婦也來到澳門。到一九四五年十月，一位廣東籍華人嚴沛峰正式入教，之後又有了首位葡人巴哈伊。一九五五年，唐童容成爲澳門第一位女性巴哈伊，她的丈夫張紹載隨後入教，翻譯了巴哈伊禱文並出版。一九五八年，澳門成立了第一個巴哈伊地方靈體會，成員包括四名葡人、三名中國人和兩名美國人。一九六〇年，九名成員全部由中國人充任。一九七四年，信徒已發展到五十多名，在灣景樓設立了巴哈伊中心，隸屬香港巴哈伊總靈體會。

二十世紀八〇年代，澳門巴哈伊發展迅速。一九八七年十月二十日至十一月十二日，巴哈伊團體展開一連串文藝交流活動，如音樂歌唱會、放映幻燈、遊戲、才藝表演、座談會等，這些活動目的在於聯絡教友友誼、結交當地居民、爲華人與世界各教團提供友誼的橋梁。一九八八年一月一日，澳門巴哈伊在友誼大馬路群曦閣聚會，慶祝印度巴哈伊靈曦堂落成，並欣賞錄影帶。與會欣賞的，還有香港巴哈伊代表。一九八八年二月六日，在澳門南灣街的巴哈伊教中心舉行座談會，歡迎來自菲律賓、馬來西亞和日本東京及大阪的四名洲際督導，交流各地巴哈伊團體的資訊，增進彼此瞭解。

一九八八年，經澳門政府教育司審批，創辦了澳門第一所非營利性國際教育學校——聯國學校，其宗旨是：通過教育這樣一個發掘個人潛能和推動社會轉變的強有力的手段，培養學生投身文明進步所必須具備的素質，完善他們的品質，提高他們的心智慧力。學校課程經過精心編訂並不斷加以修訂，有三個明顯特色——強調服務的重要性；用英語和中文教學；注重科學知識。該校從一九九〇年開始開設道德教育課程，在中學部一至六年級推廣。課程由三部分組成——一是讓學生透過爲社會服務而獲得眞切實際的體會；二是制定周詳的計畫使學生參與各項服務活動，使學生們從中瞭解其所提供的服務和有關服務的組織、運作和管理；三是讓學生逐步實踐和掌握磋商的方法，使其體認到磋商是和平解決衝突與問題的必要

和基本的手段。具體來說，國中一年級的課題是社區經驗，服務對象是兒童與青少年；二年級是環保，服務對象是公園及其他公眾場所；三年級的服務對象是老人，看望並爲他們提供各種所需；高中一年級的服務對象是殘疾人士，爲他們提供必要的協助；二年級的課題是公民教育，向學生灌輸社區意識和正確的人群關係概念，使他們能在將來融合於所在社區；三年級的課程擴大到全世界，用磋商來解決國與國之間的衝突，尋求實際可行而又不犧牲原則的解決方案。這些活動，意在爲學生提高自律的能力，創造機會和條件，向學生灌輸當今社會所需要的道德觀與價值觀，培養他們對家庭、社區和社會作出承諾所必需的基本素質。該校已培養了數百名學生，來自於幾十個不同的國家。

一九八九年二月，澳門六名巴哈伊隨首批華人教友赴以色列阿卡和海法朝聖，一百二十多名華人巴哈伊教友會聚在以色列，澳門的六名成員包括公關經理、電腦管理員、傳教員、學生、家庭主婦和漁民。他們在以色列期間接受了《耶路撒冷郵報》、《希伯來文報》的採訪，與以色列人展開了交流。

一九八九年四月二十九日，巴哈伊世界中心代表和精神領袖拉巴尼夫人赴澳，參加於四月三十日在澳門國際展覽中心舉行的「澳門巴哈伊教年會」，這次年會選出了組成澳門首屆巴哈伊總靈體會的九名成員：澳門華人霍金梅和吳慧敏，香港移居澳門教友崔少卿；三名

華僑——美國夏威夷的 Dale Eng、加拿大的李棣蔭、馬來西亞的江紹發，還有三名外籍人士——蘇利南的 Magnam，美國的富奴田南，伊朗的 Saeed Vosh Farid。總靈體會設立了一個辦事處，負責收集各區教友的意見，制定發展巴哈伊教的活動計畫。總靈體會成員到澳府拜會了澳督文禮治。這一年，澳門巴哈伊人數達兩千名。

一九九二年十一月二十三至二十六日，澳門巴哈伊代表陳錦珍、莊媚雁、周麗娟、楚文赴紐約參加第二次巴哈伊世界大會，並參觀了芝加哥、洛杉磯等城市，與美國巴哈伊廣泛接觸。一九九三年九月，代表團首次訪問大陸。香港自一九九〇年開始創辦巴哈伊季刊《天下一家》雜誌，成員有馬德格、樂希爾、玻哥尼、杜珊、黃元環，後來又增加了古龍、赫謙、氏畢高，由巴哈伊國際社團香港新聞處主辦，設在香港九龍尖沙咀。一九九四年遷至澳門南灣街，江紹發出任澳門代表。澳門還成立了巴哈伊國際出版社，後來在一九九七年改名爲新紀元出版社，出版大量巴哈伊書籍，並多次赴北京參加國際圖書博覽會。其他華人巴哈伊著名人士還有國際華人傳導中心委員鮑景超，亞洲及美洲洲際顧問、美國國家總靈體會桃莉蒂大法官、占士大法官，朱安娜法院行政官，香港羅莎琳，世界旅遊家白露琴，生態學家及美國國家傳導委員會委員沈國榮，臺灣代表吉顯江，古箏家張燕，聲樂家杜秦還，英國音樂協會成員朱明瑛，香港何啓桂、卜曉旭、何斯利、沙露、巴拿，美國華人蕭洪等。

錫克教

錫克教

錫克教是在印度教的虔信派和伊斯蘭教蘇菲派的共同基礎上產生。錫克教把兩種現存的信仰融合在一個體系中，尋求折衷意向，並因此獲得了成功持久的發展。該教一四六九年由那納克創始，聖地在旁遮普邦阿姆利則市，位列世界第五大宗教。它的吸引力在於一開始就強調無論貧富、無論男女，人人平等。它號召幫助那些需要幫助的人，尋求靈魂與神的結合。

目前錫克教徒的總數在印度各宗教信徒數中名列第四位。全世界錫克教徒共有一千八百五十三萬人，佔世界總人口的百分之〇．四，絕大部分生活在南亞。

錫克教的起源

錫克教產生於十五世紀末期印度西北部旁遮普地區。此時印度正處在德里蘇丹王朝（1206—1526 年）末期和莫臥兒帝（1526—1857 年）初期。這兩個王朝都是伊斯蘭教神權政體。伊斯蘭教在討伐異教徒的旗幟下征服印度，這種聖戰最初是以毀滅寺廟、迫害印度教徒開始的，但傳統的印度信仰根深蒂固，非暴力所能征服。一部分交付屈辱的「人頭稅」作爲對征服者的妥協，一部分異教徒也被迫改變信仰成爲順民。但征服者不可能永遠改變印度幾千年來形成的文化精髓，相反地，在長期的征服中，比較野蠻的征服者在絕大多數情況下，都不得不適應征服後存在的比較高的「經濟情況」——他們爲被征服者所同化。

印度的哲學、醫學、語言、音樂和繪畫帶給伊斯蘭教極大的影響。印度最初出現的伊斯蘭教清眞寺建築就是結合本土印度教寺廟建築風格建造的，有些清眞寺甚至是直接由印度教寺廟改建的，烏爾都語的誕生也是這種早期融合的表現。

十五世紀興起的虔信派運動，以及稍後的錫克教都是這種融合趨勢在思想意識上的反映。印度教和伊斯蘭教內部產生的教派運動，有著共同的促進不同宗教信仰者的團結、反對

種姓不平等制的願望和行動，生活的不同領域奔湧著相互協調的暖流。十五世紀喀什米爾的穆斯林統治者就曾召回流浪的婆羅門知識份子，取消對異教徒的人頭稅，把印度兩大史詩譯成波斯文，又將波斯文和阿拉伯文作品譯成印地語。這表明伊斯蘭統治者從主觀上對印度本土文化的承認和寬視，促進了相互理解和融合。及至莫臥兒王朝第三代君主阿克巴大帝（1556—1605年），更爲這種融合增光添彩。

阿克巴順應時代潮流，實行一系列改革：與印度教拉其普特貴族聯姻，實行宗教寬容政策；取消人頭稅和香客稅，任命印度教徒爲官；還修建禮拜堂，允許各派自由辯論。不僅非正統的伊斯蘭救世主教派得到承認，即便是印度教徒、錫克教徒和基督教徒也都被請去參加禮拜黨辯論。阿克巴還帶頭尊重印度教習俗，不吃牛肉並禁止宰牛。

當時正是錫克教的初創時期，如果沒有阿克巴的扶持保護及宗教寬容政策，就有夭折的危險。阿克巴大帝對錫克教頗感興趣，對祖師甚是尊敬。據說他有一次去拜見錫克教祖師阿馬爾·達斯。但按錫克教教規，不論尊卑貴賤須先一道進食再集體朝見，以展現平等思想，阿克巴大帝也順從了這種安排，允同其他人一樣席地而坐，分享食物，然後才拜見祖師。

錫克教顯然是伊斯蘭教和印度教相互融合潮流中的產物，是宗教寬容政策推波助瀾的結果。溯其思想淵源，則明顯受到印度教虔信派和伊斯蘭教蘇菲派的影響。

虔信派最初出現於南印度，主要在民間行吟詩人和下層印度教徒中流傳，宣傳虔誠敬神，否定種姓不平等制，呼籲在神面前人人平等，人人都可以自我求得解脫而毋需婆羅門祭司的幫助。這種理論是對傳統印度教思想的挑戰，是印度教面臨伊斯蘭教入侵後出現的改革思潮，既反映了印度教中下層教徒對穆斯林統治的不滿，希冀另闢蹊徑圖謀發展，也反映他們對婆羅門特權的不滿。虔信派運動的大師羅摩難陀和迦比爾宣稱宇宙萬物的最高實在是神，「神無所不在，萬物無不有神」，在神面前無貴賤，號召人們向濕婆、毗濕努、克里希那等所有神祇崇拜。

他們不同於傳統印度教的另一重要特徵是主張積極投入現實生活，不提倡苦行和禁慾。蘇菲派是伊斯蘭教的異端，主張「忘掉自我，與神同在」，也宣傳普愛眾生、在眞主面前人人平等的思想。虔信派大師迦比爾曾感歎：「印度教徒向羅摩呼籲，穆斯林向眞主呼籲，但雙方互相殘殺，誰也不理解眞理。」

事實上，虔誠派運動與蘇菲派是有極多共通處的，在追求眞理的道路上互相接近。具有嚴格種姓限制的印度教中下層教徒接受新的思想，試圖以此來改變自己的社會地位，他們成爲這兩派宗教異端的社會基礎。錫克教創始人那納克就是受這些新思潮影響，追波逐浪而自成體系。

錫克教的創建幾乎與莫臥兒帝國的成立同時。莫臥兒帝國是印度歷史上少有的幾個大一統帝國之一，政治相對穩定是這時期的特點。政治的穩定促進了經濟的繁榮，太平盛世鼓勵了思想文化的發展。

旁遮普歷來是印度最富庶的地區，印度河自北而南流過，帶來舟揖灌溉之利，連接印度與外部世界的交通要道橫貫全境，促進了經濟發展和商業貿易的繁榮。而且因其所處的特殊地理位置，接受各種文化影響，思想領域也開風氣之先。正是在這種有利的社會氛圍中，錫克教應運而生。

那納克是錫克教的創始人，他屬於印度種姓制度中的第二階級剎帝利族武士階級。雖然那納克的父母親都是印度教徒，但那納克在七歲入學時便對教導他的印度徒教師說：「若要瞭解全部印度教聖典吠陀經，還不如確實明白宇宙的眞神，仰賴他的慈悲。」那納克對宗教

富有熱誠，對世事極爲淡泊，最後甚至離開妻兒至曠野過修道生活，三十八歲時悟道，人稱「古魯」。「古魯」爲聖教師的意思，自那納克後，這個名詞遂成爲錫克教所有繼任者的專屬稱號。

有鑒於當時強大的回教勢力與印回兩教不斷的宗教紛爭，那納克便把印度教的梵天神與回教阿拉神加以融會調和，衍生成非印非回、亦印亦回的錫克教。悟道後的那納克回到家中，將所有財產變賣，施予窮人，並與一位回教徒僕人開始遊行佈道。主僕二人一面唱歌、一面傳講錫克教信息：「天上只有一位神，是印度教徒的，也是教徒的；人與人之間沒有階級區別，人人都可以相信這位神而得到拯救。」那納克並在身上纏了一條修行腰帶，向大家宣布說：「在我面前既無印度教徒，也無回教徒。」

那納克終身致力遊行佈道，足跡北到喜馬拉雅山，南至錫蘭島，遊行佈道期間雖有不少回教徒襲擊毆打他，但也有許多人皈依他，這些信徒多是中下階級的印度百姓。經過了三十年的傳道生活，那納克終於年老力衰，於西元一五三九年撒手歸天，享年六十九歲。那納克死後，由弟子安格達繼任，是爲第二代古魯（祖師）。接著有三代、四代，至第十代古魯郭溫達辛格。

錫克教的教義

那納克試圖超脫於印度教與伊斯蘭教的紛爭，建立一個統一的宗教。那納克曾說：「既沒有印度教徒，也沒有穆斯林，我將追隨神，神既不是印度教徒，也不是穆斯林，我所選定的是神的道路。」他聲稱神已向他下諭，選定他在世界上傳播福音。實際上，他的教義是在印度教虔信派思想的基礎上，攝取伊斯蘭教蘇菲派的神祕主義因素而形成的。那納克死後，歷代祖師又逐漸發展了錫克教的宗教思想，形成一套完整的思想體系。

一、一神論。錫克教是嚴格的一神教，只崇拜一個神，對於這個神，他們作了不少論述，大致有以下幾點：

1．神是唯一的。錫克教教義的精髓由三個觀念組成，即一個神、一個師尊、一個眞名。那納克說：「神是唯一的，只有一個神。」他認爲，有的人削髮爲僧，有的人修瑜珈苦行，有的人稱自己爲印度教徒，有的人稱自己爲穆斯林，實際上，大家崇拜的都是同一個神，即唯一的神。唯一的神是一切宗教的崇拜對象，既是印度教崇拜的羅摩，也是伊斯蘭教崇拜的眞主。那納克說：「只有一個神，他的名字是永恆眞理，他是世界的創造者，是遍滿一切的

精神，一個師尊即只有一個祖師作爲神的使者傳播福音。」那納克非常強調祖師的作用，一個眞名，是說唯一的神顯現爲唯一的眞名，眞名是神的顯現。實際上，眞名是神的同義詞。那納克曾說：「自存的神顯現爲眞名，然後創造出宇宙。」

2．神是宇宙的創造者。錫克教認爲，唯一的神是宇宙的創造者，神創造了大千世界中形形色色的萬物，並主宰著芸芸眾生。《阿底格蘭特》曾詳盡地描繪了創世前的混沌狀態及創世過程：

「太初，黑暗籠罩著虛空，混沌一片。沒有地，沒有天，只有無限的意志。沒有黑夜，沒有白晝，沒有太陽，沒有月亮，神處於憩息的狀態。沒有創造之源，沒有語言，沒有空氣，沒有水，無生亦無死，無來亦無去，無地域，無大海，無上下世界。梵天、毗濕努和濕婆三神亦不存在。沒有萬物，只有絕對的神。」

面對這茫茫一片的混沌狀態，神決定創造世界，於是就憑自己意志，先從虛空中分出天地，然後創造出草木萬物，飛禽走獸，最後創造出人類，並賦予人類聰明智慧。

3．神是全知全能的。神創造了千差萬別的事物和千變萬化的宇宙，這充分顯示了神的全知全能，神是唯一的，也是自存自顯、自足圓滿的，他遍滿一切、無時不在、無處不有、無所不知、無所不能。他超越時空、不生不滅、無形無像，是無限、永恆的絕對存在，也是一種純粹的精神和聖潔的光輝。

4．神是公正的、仁慈的。神不僅創造了宇宙世界，而且主宰著宇宙世界。神是公正無私的，他揚善抑惡，對每個人的善惡行爲都加以評判。神對任何人都是一視同仁的，人人平等，沒有高低貴賤之分。神是仁慈的，以他博大的胸懷普愛眾生，賜恩惠於每一個子民，使天下民眾享受歡樂幸福。

二、業報輪迴說。錫克教認爲，芸芸眾生皆依業報規律在無數劫中輪迴，業報規律即人因自己的行爲而得到不同的行爲結果。「善有善報，惡有惡報」，昔日是鳥、蟲、魚、象，經過歷劫輪迴，依靠積德行善，方能修行成人；人的現世狀態由前世的行爲（業）決定，現世的行爲又決定他的來世。

人不只是生物進化過程的最高產物，而且是唯一的神所精心創造的。人有自由意志、有智慧、有明辨是非的能力、有一定的道德標準，但由於摩耶（幻）的蒙蔽，人不能感知神，苦行雖然可以得到好的結果，但不能親證神，不能達到解脫。解脫只能靠神的眷顧和祖師的指導。

三、祖師的職責

錫克教把祖師視爲神的使者。錫克教認爲，依靠智能不能理解神或認識神，通過祭祖儀式也不能博得神的歡心，只學習聖典也不能親證神，吠陀及其他聖典都無法揭示神的神祕，只有祖師能使人們目睹神的光輝。「沒有祖師的指導和關照，我們無法知道眞理，每人的心中都有神祕莫測的神。」

祖師有兩種職責，一方面，他是神的使者，享有令人瞻目的威望和無上的權力；另一方面，他又是神的僕從。那納克曾說自己是出身低微的遊吟詩人，是神賜予他吟唱的曲調。祖師是神的使徒，傳播神的福音。通過祖師，人們可以聆聽神的教誨，目睹神的風采。沒有祖師，人們就無法接近神。「正如杯中盛水，沒有水就用不著杯子一樣，思想受到神聖知識的制約，但沒有祖師就不會有神聖的知識。」

錫克教的祖師特別重視所謂神的預言。那納克說：「預言不僅僅是神的話語，它是神的化身，正是通過它，神向人類顯現了自身的存在。」錫克教的祖師崇拜很盛行，教徒們奉祖師爲神明，親身侍奉，言聽計從。祖師的傳承不是通過民主形式選出，而是由前任祖師指定自己的繼承者。

四、解脫。錫克教把解脫作爲最終目的。他們認爲現實世界是一片苦海，充滿痛苦，他們把痛苦分爲五種——愛別離苦（與所愛的人分離之苦）；饑餓之苦；生死輪迴與暴政之苦；疾病之苦；精神之苦。

那納克的思想反映了當時下層群眾的心理。那納克與伊斯蘭教蘇菲派不同的是，蘇菲派面對痛苦主張消極遁世，那納克則主張採取積極入世的態度，他認爲，生活中有痛苦也有歡樂，人們能夠戰勝痛苦，獲得幸福和歡樂。人生的目的就是要從痛苦中得到解脫，是個體靈魂擺脫業的束縛、與神結合的一種境界，這是一種無苦無慾、自由歡樂的境界，這種境界人們只可親身體驗，無法用語言描述清楚。

錫克教承認有彼岸世界，但認爲天堂並非九霄雲外的人虛幻境，而是與現實世界緊密相連的精神世界。

那麼，怎樣開啓天堂之門、達到解脫呢？錫克教認爲要達到解脫，必須在祖師的指導下，努力修行，默念神的名字，思索人生的眞諦。只有這樣，才能得到神的恩寵，從而達到靈魂與神同在的解脫境界。

五、倫理思想。錫克教的社會倫理思想包括反對印度教的種姓制度和繁瑣教規，反對偶像崇拜和歧視婦女，提倡平等友愛、勞動的尊嚴和非暴力等方面。

錫克教認爲，印度教的種姓制度是違背神的意志的，因爲「神的光輝普照萬物，萬物皆可得到神的照拂」。因此，人在神的面前都是平等的，沒有貴賤之分，沒有種姓之別，首陀羅與婆羅門一樣，都可以親證神，都可以獲得解脫。

錫克教不是出世的宗教，而是入世的宗教，不是主張人們逃避社會生活，而是鼓勵人們積極參與社會生活，從事各種社會勞動。錫克教鄙視不勞而獲的寄生蟲生活，強調勞動的價值，認爲人人都應參加勞動，工作沒有貧賤之分。那納克祖師說：「自食其力，並與別人分享勞動成果，就是正確的生活道路。」那納克自己也從事勞動。遊手好閒、無所事事是錫克教徒所不能容忍的。

錫克教反對歧視婦女，那納克曾對印度教的童婚、寡婦殉葬等陋習作了抨擊，熱情讚揚婦女的偉大。他寫道：「正是婦女（被人歧視的婦女）給了我們生命，正是婦女與我們訂婚結爲夫妻，婦女是我們漫長生活路上的伴侶，我們的種族依靠她們來繁衍、延續。妻子死了，丈夫可以另娶，通過婦女，我們建立起廣泛的社會聯繫。爲什麼要歧視她們？即使是國王的生命也是由她們所賦予！」那納克主張尊重婦女，提高婦女的社會地位。婦女不僅可以和男子一樣讀誦經典，參加宗教儀式，而且可以作爲宗教儀式的主持者。十七世紀，戈賓德·辛格創立了錫克教徒的洗禮儀式，並讓他妻子參加主持這個儀式。這在當時具有重要的意義，標誌著婦女地位的提高。

錫克教實行一夫一妻制，認爲婚姻是神聖的，夫妻應和睦相處，互敬互愛，白頭到老。錫克教不鼓勵離婚，但允許離婚，寡婦可以再嫁。

錫克教的教義有兩個主要目的。第一個目的是使人免受輪迴之苦，然而，錫克教不像印度教、耆那教或佛教那樣否定世俗生活。第二個目的是實現神人一體，神是無限的、內在的、無形和難以表述的。然而，他能聽到祈禱並關心所有的人。那納克是這位眞神的代言人，眞神通過那納克及他的歷代大師講話，他們向人們傳達眞神的旨意。第十代大師哥賓德·辛格

去世之後，錫克教再也沒有繼承人出現，而錫克教的聖典《格蘭特．沙哈卜》便成了末代繼續下來的大師。《格蘭特．沙哈卜》的開篇陳述，是對那納克大師教義最好的簡要詮釋。它對神的描述如下：

「神是唯一的。他是內在的。他存在於宇宙萬物之中，也是萬物的維持者，他是萬物造物主。在創生中他存在於宇宙之中。他既不畏懼也毫無敵意。他不受時空的支配，超越了生與死。他就是他自身，並爲他所有的化身承擔責任。他被稱作大師的恩典。」

錫克教的儀式和節日

錫克教徒通常都很重視宗教禮儀，教徒從生至死都要舉行一定形式的祭祀禮儀，如：行出生禮、命名禮（男孩名字加「辛格」，女孩名字加「考兒」）、婚禮、葬禮等；還舉行獻身儀式，即成爲眞正錫克教徒的標誌；祖師的墓地被奉爲聖地；教徒每日要去聖廟做禮拜，至廟前要向廟頂的黃旗行禮，禮拜時誦讀《阿底格蘭特》聖典，唱讚歌。阿姆利則城的金廟是錫克教的聖廟。

此外，第一代祖師那納克開始就很注重提高婦女的地位，婦女可以和男子一樣參加宗教禮儀，並允許寡婦再嫁。根據那納克的思想，後代祖師制定了錫克教的四條教規——禁止抽煙；一夫一妻，婚姻神聖；不拜偶像；教徒終身遵行「五K」（指五種行事，每件事的印地文起首字母均為K），即蓄長髮及戴髮飾、佩短劍、戴鐵手鐲、穿短褲和長衫至膝、保護弱小並隨時準備戰鬥。

錫克教的節日都與十位祖師的誕辰或殉難有關，如每年十一月紀念一祖那納克的誕辰；十二月紀念十祖哥賓德·辛格的誕辰；七月在德里紀念八祖哈爾·克里香的誕辰；五月紀念五祖阿爾瓊殉難；六月紀念錫克帝國蘭季特·辛格大君逝世；九月紀念三祖阿馬爾·答斯逝世；十二月紀念九祖得格·巴哈都爾殉難和十祖哥賓德·辛格的兩個兒子殉難等。

錫克教的典籍

錫克教的經典是《格蘭特·沙哈卜》。《格蘭特·沙哈卜》經文獨特，具有跨越宗教的精神性。它是一座藏有豐富聖詩的寶庫，作者包括錫克祖師、多位中世紀印度聖者、虔誠派作家、蘇菲和游方詩人。它自由地運用印度教和伊斯蘭教的術語來描述神，或表達自己的宗

教體驗。在《格蘭特・沙哈卜》的五千八百餘首聖詩中，有九百餘首是十七位印度聖者的作品。他們是伽比爾、法立德、納姆迪烏、拉維達斯、貝尼、特里羅辰、齋迪烏、孫達爾、帕爾馬南德、薩德納、拉馬南德、塔那、毗帕、賽恩、索爾代、比坎和瑪律達那。詩聖伽比爾的作品多達五百首以上。

《格蘭特・沙哈卜》有一個明顯特徵，即聖詩的分類是以其不同的音樂形式爲基礎的。它們的次序則依照拉格和頌詩詩句的多少來安排。

《格蘭特・沙哈卜》表達了普通人的社會理想和精神渴望。它具體地展現了前後近六個世紀印度文化上和社會上的知識累積，以及那一時期的精神和宗教傳統。它是用大眾語言撰寫出來的，藉以傳播具有普遍意義的宗教教訓。其語言大體上是以若干方言爲基礎構成的，並廣泛採用了梵語、俗語、波斯語和阿拉伯語的表達方式。

這些信仰虔誠的經文和讚美神明的詩歌，強調對於「眞正祖師」（神）的冥思。它還制定了道德倫理規範，以利於信徒的靈魂提升、精神解脫和與神合一。它也是一部謳歌、多姿多彩的俗世生活的詩歌。它鼓勵人們保持高高興興的心境，以樂觀態度看待生活中的不平等，爲自己安排一種道德高尚、正直合理而又有人情味的生活。

「迦卜吉」，也即《格蘭特・沙哈卜》的導言，是第一位祖師那納克・提婆撰寫的，一般認爲它是該經典中最爲重要的部分。作爲概念性、哲學性和神學性的理論闡述，它被視爲錫克教神學的根本精義。它詳細說明了何以見神是永恆的終極眞理，是一個期望達到解脫境界的求道者應該採取的必要途徑。

另外，錫克教還有一部名爲《十祖聖典》的經典，成書於第十代祖師戈賓德・辛格時期，共收集了一萬七千多首詩，其中包括戈賓德・辛格和其他人的詩句，反映了第十代祖師的基本思想，其地位僅次於《阿底格蘭特》，也正因爲《阿底格蘭特》早於《十祖聖典》，才被稱爲「原初聖典」。

錫克教的傳播和發展

那納克於一五二〇年組織教團，訓練門徒，差遣他們往各處傳教。他於一五三九年第二代上師安加得上任後不久便逝世。自一五三九至一七〇八年先後有十位「上師」領導錫克教。

一六七五年第十代上師登位，積極改革錫克教，將信徒加上「猛獅」的稱號；他又將入教儀式由洗足禮改成劍洗禮，並成立卡爾沙團契。此外，他將其父親特巴哈杜上師的詩篇加入阿第格蘭斯的聖典中，定名為《格蘭斯沙希伯》，成為錫克教不能修改的正典。後來他宣布終止以「人物」為中心的上師聖職，改為將「經典」賦予「人格」的地位，並且稱它為「格蘭斯沙希伯上師」。因此，這部經典成為錫克教教徒靈性的準則和政治的權威象徵；此後，每一所錫克廟堂，都有一本格蘭斯沙希伯上師作供奉和研讀使用。

自第十代上師死後一百年間，錫克教沒有出色的領袖，教務進展起伏不定。直到一七九九年蘭日信大王出現，便興起了一個標榜神權政治的「錫克教帝國」。一八三九年他駕崩後，內部產生權力鬥爭；同期，英國殖民政府第二次派遣軍隊與錫克教教徒戰爭，一八四九年錫克教帝國瓦解，印北地區也淪為英國的殖民地。

現代的錫克教已成為一個國際性宗教，全世界的錫克教教徒約有兩千萬，大都居住在印度與巴基斯坦昔日印北的地區，更有部分教徒僑居昔日英國殖民地如澳洲、紐西蘭、馬來西亞、香港、南非和英國等地，都有錫克廟；部分教徒正向加拿大和美國遷移。由於錫克教教徒都是印北人，故其宗教富印度色彩，亦缺乏普世宣教的使命意識；加上禮拜時亦保守地用旁遮普方言為主，使之更封閉在民族宗教的範疇裡。

錫克教向境外傳播是從十九世紀末二十世紀初開始的。在第一次世界大戰之後，隨著錫克人的移民，錫克教大規模地傳入國外。目前它已有廣泛的世界基礎，在美國、澳大利亞、英國、東南亞、非洲和加拿大都有它的教徒和組織。

一、美國的錫克教徒。最早使美國社會產生迴響的，是通過一種瑜伽術的活動。一九六九年一月，一名名叫哈爾帕傑・辛格・普里的錫克教徒來到洛杉磯，他在聖加布利爾西部山谷教授瑜伽，起名爲3HO協會，即健康、幸福、聖潔協會，均以H開頭。到一九六九年十一月才首次涉及錫克教的教義。至一九七五年底，該組織已發展成一百一十個中心，約有二十五萬人參加，大部分集中於西海岸，在華盛頓和紐約也有分支。

二、英國的錫克教徒。大部分是由旁遮普或由旁遮普轉道東非來到英國的，一九一一年在普特尼建起第一座錫克教寺廟，當時人數不多。大批移民是在一九五〇至一九六〇年之間，他們出於謀生的目的來到英國，最初定居在貝阿斯河和蘇特萊傑河之間的賈朗達爾地區，後來遷入缺乏勞動力的大城市，如倫敦、伯明罕、列斯特郡和西約克郡的里茲、布雷德福等地。到七〇年代末，在英國已有二十五萬名錫克教徒，僅倫敦一市的禮拜堂就超過五十座。另外在蘇格蘭和威爾士有四座。現在錫克移民多數已成爲熟練的工人，也有少數人成爲資本家、商人，他們擁有自己的商店、汽車修理廠、倉庫，也有人成爲高等法院的法官、市議員。

三、加拿大的錫克教徒。在一九〇四年只有兩百多人，第一次世界大戰後才陸續增加，直到一九七〇年之前，由於加拿大的移民政策很寬鬆，因此，大量錫克教徒遷入該國。他們主要聚居於溫哥華，當地有五座錫克教禮拜堂，其次是多倫多、渥太華、蒙特利爾和艾德蒙頓等市。大部分都是一九五三至一九七〇年之間從英國和東非移民的。截至七〇年代中期，已就業的錫克教徒達十萬人之多，其中不少人從事商業、銀行和木材貿易。

耆那教

耆那教

耆那教是與印度教、佛教同時興起的古老宗教，教徒雖然不多，影響卻很深遠。耆那教的經典以和平主義為基礎，反對傷害眾生，主張苦行主義。對耆那教徒來說，所有的生命都是神聖的。

自從十九世紀起，耆那教開始傳入斯里蘭卡、阿富汗、阿拉伯、衣索比亞等亞非國家，本世紀以來更遠傳至歐美，在英國有耆那教兄弟會，德國有耆那教的圖書館，在美國也有許多研究耆那教的學者。從七〇年代開始，耆那教參加了世界宗教和平大會及亞洲宗教和平會議，並多次出席國際宗教學術會議，使這一古老的東方宗教重新煥發出新的活力。

耆那教的起源

耆那教的起源比佛教早，它的創始人大雄凡爾塔瑪納生於西元前五九九年。大雄信仰理性高於宗教，認爲正確的信仰、知識、操行和貞潔將導引解脫之路，而達到靈魂的理想境界。耆那教是一種禁慾宗教，在當時與佛教一樣蓬勃發展，教徒曾達到五十萬之多。可到了孔雀王朝的阿育王時代，佛教被定爲國教後，耆那教從此開始衰落，現在信仰耆那教的信徒主要分布在西印度。

耆那教產生於西元前六世紀，自稱是印度最古老的宗教。「耆那」原意爲「勝利者」或「完成修行的人」。該教相傳有二十四位祖師，最初由勒舍婆創教，耆那教經典記載他是阿瑜陀一個國王的兒子，活了八百四十萬歲。但眞正的奠基者爲第二十四祖師筏馱摩那，與佛陀釋迦牟尼是同時代人。在四十二歲時成道以後被其弟子稱爲「大雄」，意爲「無所畏懼」。耆那教最初流行於恆河中下游，宣揚種姓平等、反對吠陀權威的沙門思想，得到中下層社會的支持。據傳到大雄去世時已擁有五十二萬的教徒，其後還得到了孔雀王朝阿育王等國王的保護，使其能在印度各地廣泛傳播。

耆那教的教義

耆那教提倡七諦說，即命、非命、漏入、系縛、制禦、寂靜、解脫。命與非命，即是靈魂與非靈瑰。

耆那教認爲宇宙萬物均由靈魂和非靈魂構成。「靈魂」有兩種，一種受物質束縛，另一種不受物質束縛，也就是獲得解脫的靈魂。受物質束縛的靈魂又分爲動和不動的兩類：動的靈魂有六種，爲人、獸、蜂、蟻、蟲、植物，依據感覺器官的多少而排列；不動的靈魂存在於地、水、風、火四大原素中。他們害怕傷害遍布於一切的生命，所以在外出時往往手執撣子或掃帚，口戴紗布，邊行邊掃，口唱：「去去！」認爲這樣可以防止誤傷小蟲。對於不受物質束縛的靈魂，耆那教認爲它是永恆的、自由的，是教徒修煉的最終目的。

「非靈魂」，耆那教認爲包括兩類：定形的物質和不定形的物質。定形的物質由「極微」（或稱原子）和「極微複合體」構成。「極微」被認爲是永恆的、不可分割的實體，它們能造而非被造，性質各異並佔有空間，運動極爲迅速，對立性質的極微可互相結合而構成複合體。「極微複合體」具有可分性，形狀各異，從而組成世界萬物多種形態。不定形的物質，包括

時間、空間、法與非法。耆那教認爲時間和空間是「極微」與「極微複合體」運動的場所；法是運動的條件；非法是靜止的條件。爲了說明法與非法的含意，他們舉例說，魚在水中游動，水爲法，因水爲魚提供了運動條件；人在樹下乘涼，樹爲非法，因樹爲人提供了休息條件。從耆那教對「命」與「非命」的解釋來看，我們認爲耆那教的宇宙構成模式仍然處於原始的渾沌狀態，將物質和精神同視爲實體，並認爲一切物體都是有靈魂的，人絕不應傷害萬物。

耆那教還認爲「業」也是一種特殊的、細微不可見的物質，名爲「細身」，它可依附於人的靈魂，成爲解脫的障礙，這種依附作用稱爲「漏入」。「業」根據性質不同可分爲八類，謂遮蓋智慧者，名爲愚業；遮蓋正見者，名爲不見業；凡生苦樂者，名爲受業；遮蓋正信者，名爲癡業；決定生命長短者，名爲壽業；決定個人特質者，名爲名業；決定種姓、國籍者，名爲種業；決定性力者，名爲遮業。耆那教認爲這八種業是前生所定（宿作因），作爲細身黏附於人的靈魂（漏入），並隨靈魂而遷徙流轉，稱爲「系縛」。

耆那教將「業」視爲對靈魂的系縛，他們修煉的最終目的是要擺脫六障、四濁，求得靈魂的解脫，爲此就要「制禦」，所謂「制禦」就是以消極和積極的方法抑制種種情慾或慾望。

積極的方法屬於正面引導，名爲持「三寶」，要求信徒作到正信、正智、正行，即對耆那教的經典和教義有正確的信念和認識，並正確執行教義和戒律。消極的方法是將信徒的行爲納入教規教戒，因此「制禦」也意譯爲「戒」。在大雄之前，巴濕伐那陀曾提出四條戒律，大雄成道後在此基礎上又增加一條，合爲五戒，即不殺生（非暴力）、不欺誑、不偷盜、不姦淫、戒私財。耆那教認爲只有嚴格實行戒律，經過苦行修煉，才能清除舊業的系縛，與此同時不再造新業，就可達到「寂靜」，「滅」其情慾，獲得「解脫」，從而證悟「七諦」，成爲覺者。所以佛教也稱耆那教爲宿作因論。

耆那教的苦行戒律是很嚴格的，對教徒的食、宿、衣、行都有苛刻的規定，他們認爲只有實行苦行才能滅罪，才能滌除細微的物質（業）對靈魂的沾染。

耆那教的「七諦說」或「七句義」既闡明了它的宗教教義、修煉方法和解脫目的，也論證了它的宇宙結構觀和人生哲學。在大雄之後，耆那教儘管有興衰起伏，多次分裂，派別層出，但除邏輯學有所發展外，基本教義和學說並無大的分歧，這一點是與同時代的佛教發展史具有很大的不同。

除了七諦說之外，耆那教的另一重要理論是「或然論」，也稱爲「非決斷論」、「非一端說」或「七支論法」。這是耆那教的一種判斷理論，在印度因明學史上具有一定地位。他們認爲客觀事物沒有永恆不變的性質，任何事物都具有產生、發展、變化和消滅的過程，因此從不同的側面看待同一事物，可以得出不同的結論，任何一種判斷也和任何一種事物一樣都是有條件的，沒有絕對的肯定或否定。某事在一種意義上說是眞實的，在另一種意義上說又是不眞實的，所以在每一種判斷的前面都應冠以「或許」字樣，這樣就可產生七種判斷形式：

1．肯定判斷，如或許布是白的（指在特定情況下）。
2．否定判斷，如或許布不是白的。
3．肯定判斷和否定判斷的結合，如或許布是白的又不是白的。
4．不可言說（不可表述），如或許布是何種色不可說。
5．第一和第四判斷的結合，如或許布是白的又不可言。
6．第二和第四判斷的結合，如或許布不是白的又不可言。
7．第三和第四判斷的結合，如或許布是白的又不是白的，也不可言。

這七種形式概括起來爲1・有，2・無，3・亦有亦無，4・不可說（非有非無），5・有，不可說，6・無，不可說，7・亦有亦無，不可說。這七種形式稱爲「七支論法」，由此構成的理論稱爲「或然論」。據傳它最早是在大雄去世後一百五十年，由他的再傳弟子婆達羅巴忽提出的，後來進一步得到完善與發展。

耆那教的儀式和節日

耆那教注重修苦行與禁慾，認爲只有苦行才能脫離輪迴之苦，獲得解脫。教徒有出家與在家之分，出家信徒必須嚴格遵守五戒，在家信徒從形式上也要守五戒，其中「不淫」改爲「不邪淫」，「戒私財」改爲「不貪婪」。

其次，對動物的生命特別注重保護，認爲從事農業會破土殺害昆蟲，不利於守戒，所以耆那教徒一般多從事工商業，堅決反對屠殺牲畜，還開辦了一些牲畜收養所，收容受傷及年老的牲畜。一些耆那教的苦行者爲避免殺害小生物，飲水要過濾，行路先用掃帚掃清地面，用燈罩蓋住燈火。

教徒每年每月都有例行的齋期及節日活動，重要的有大雄誕生節、高瑪德濕瓦拉灌頂節、贖罪節、持齋節等，在節日期間要齋戒、沐浴、升紀念會、表彰會等以示慶祝。

一、大雄誕辰節。每年印曆四月白半月（13日）舉行慶祝活動，屆時由耆那教僧團長老主持神車遊行，參加遊行的人們很早起身先行沐浴，然後聚集到耆那教寺前，以古吉拉特的賈姆納加爾市為例，教徒們都聚集到錢迪．巴紮爾寺，遊行開始時，隊伍最前面由六名童女組成，她們頭頂摻入牛奶的水罐；接著是耆那教的長老、聖人和苦行僧，這些人均在一個月之前由四面八方會集於此，他們舉著小型的大雄雕像；在僧人後面是穿著寬大裙子、身披粗布單子的童男，他們是兩部主車的先導；主車由披著金色錦緞的數頭小公牛拉著，童男們則猛敲鑼鼓、打著燈籠，在神車行進的路上灑著牛奶和聖水。第一輛車載著靈魂已獲得解脫的象徵性法輪圖；第二輛車載著大雄的銅像，像是四周由苦行僧們舉著棕櫚葉的扇子為大雄遮涼。隊伍從寺廟出發，沿城市各門行進，中途到達湖邊或河邊為大雄沐浴，最後回到原寺。

二、高瑪德濕瓦拉灌頂節。每十二年舉行一次，在舉行典禮之前，虔誠的信徒們自願捐獻幾十萬盧比為該項活動作準備。首先在五十七英尺高的巨像身後搭砌比神像略高的架台，以便灌頂時使用，然後準備接待從全國各地來的朝聖信徒，準備所需的物資。僅開幕式的場

地便需容納三萬人。自十二月二日開始至十二月十九日結束，歷時十八天。灌頂所需物資計有：一千零八罐聖水、五百個鮮椰子汁、五百升甘蔗汁、五百升牛奶、十四罐聖粉、五百升吉祥果汁、五百升旃檀果汁、五百升無憂果汁、十種顏色的鮮花。在舉行灌頂禮時，將上面各種聖物一種接一種地由神像頭頂澆灌而下。最後用盛滿聖水的銀罐繞山一周，然後灌下，同時口頌安詳、和平的讚歌。

耆那教的典籍

耆那教的白衣派與天衣派很早以來就信奉著不同的經典。白衣派最重要的經典爲《十二支》，也稱《十二安伽》，成書於西元前三世紀，現僅存十一支。相傳，第一批聖典是在大雄逝世後大約兩百年時，在波吒里城召集的一次集會上編定的。後來，在西元五世紀時於古吉拉特的伐臘毗地方加以修訂並書寫成文，這即是現存的版本，用的是一種變體的普拉克里特語，正典有七部四十五種。

白衣派認爲《十二支》並非眞傳，它有自己的經典，主要以梵文書寫，相傳是普悉波檀多在西元二世紀時編寫的，但事實上可能要晚於五世紀，共分四部分，被稱爲「吠陀」，分

別闡述歷史、宇宙論、哲學和生活規則。兩派共同承認的經典是烏瑪斯伐蒂所著的《眞理證得經》（也譯為《人諦義經》）。

耆那教的派別

耆那教在大雄去世後約一百七十年中，先後有六位教主繼承了大雄的事業。第一位名蘇陀曼，他是大雄的忠實信徒，曾跟隨大雄三十年，在大雄去世後領導僧團；第二位名賈姆布，他是蘇陀曼的弟子，他違背了大雄裸體行乞的戒律，改穿白衣，因此被認爲是白衣派和裸體派最早分裂的跡象；第三位名波羅帕瓦，他在大雄去世後六十四年成爲耆那教的領導人；第四位名沙耶姆帕瓦，他最初就學於婆羅門學習吠陀，後來改信耆那教；第五位名耶輸帕德羅，他是沙耶姆帕瓦指定的繼承人；第六位名婆達羅巴忽，相傳著名的因明學說「或然論」最早是由他提出的，耆那教的根本經典《儀軌經》最早也由他所著，並說在他領導僧團時期，北印度曾發生一次嚴重災荒，他帶領部分教徒從北部遷徙至南部的邁索爾地區，從此耆那教開始了在南印度的傳播。後來在邁索爾的斯拉伐那貝爾戈拉地方發現的銘文，證實了這一傳說的可靠性。

關於耆那教的分裂，阿夏姆．庫瑪爾．羅易認為大雄在世時已開始出現，最初背叛他的是他的女婿羯摩利，大雄認為正在做的工作就是做了，羯摩利不同意這種觀點，他認為正在做的工作，並沒有做，做完了才是做了，於是他離開大雄另立僧團。兩年之後在王舍城發生第二次分裂，以提薩庫塔為首的一批人反對大雄關於靈魂被細微物質滲入的觀點。至大雄去世後兩百一十四年，發生第三次分裂，以阿薩陀為首，他們認為在神、聖人、國王和普通人之間靈魂沒有區別。第四次分裂發生在大雄去世後兩百二十年，以阿薩米塔為首，他認為人的命運與行為善惡無關。第五次分裂發生在大雄去世後兩百二十八年，一位名叫甘伽的信徒提出，人可以在同時感覺到兩種相反的事物，如冷與熱。第六次分裂是在大雄去世後五百四十四年，以沙杜羅耶為首，他認為在「命」和「非命」之間，還存在第三種「無命」狀態。第七次分裂是在大雄去世後五百八十四年，以戈塔姆西羅為首，他們斷言靈魂不會被「業」束縛。第八次分裂，才分為白衣派和裸體派。

兩派的分歧據耆那教經典記載歸納起來有十四點，其中重要的是白衣派主張：

1．一位覺者（成道者）需要進食和排泄。

2．婦女和男子一樣能獲得拯救。

3．低種姓的首陀羅也和高種姓一樣能得到拯救。
4．不拋棄衣服，一個人也能得到拯救。
5．世俗家庭的主人同樣能獲得拯救。
6．允許崇拜穿衣和修飾的祖師偶像。
7．出家人允許佔有十四種生活必需品。
8．第十九祖摩利那陀是一位婦女。
9．原始聖典「十二支」中的「十一支」一直存在，爲眞傳。
10．允許出家人向首陀羅乞食。
11．大雄出家前已經結婚並生有一女。

對以上白衣派的信仰，裸體派均持反對意見。於是發生了兩派的分裂。從這些分歧點來看，白衣派在執行大雄的戒律時似乎比裸體派要靈活些，他們允許教徒穿衣、佔有生活必需品；對低種姓的首陀羅和婦女不加歧視，承認他們具有平等的宗教地位。

除此之外兩派並沒有大的分歧，所以對白衣派和裸體派分裂的原因，大致可從兩方面來分析。一是從客觀上說，在西元一世紀左右，商品經濟進一步得到發展，出現了許多新興城

市與貿易中心，這些新興地區的發展吸引了耆那教僧團的遷徙，經濟發展的不平衡和地理條件或環境因素造成僧團之間的隔離；二是從主觀上說，主要是對大雄的訓誡有不同的理解，比如「戒私財」，裸體派認爲一切東西、甚至衣服都不應有，他們主張以天爲衣，以地爲床，而白衣派不但認爲要有衣服，還應留有十四種生活必需品。此外對傳承關係、經典著作、婚姻習俗也各有不同的看法。對於耆那教的這次分裂，漢文佛典有如下記載：

「波波城內有尼乾子，命終未久，其諸弟子分爲二分，各共諍訟，面相毀罵無復上下，迭相求短競其知見。我能知是汝不能知，我行眞正汝爲邪見，以前著後以後著前，顚倒錯亂無有法則，我所言妙汝所言非，汝有所疑當諮問我。大德阿難，時彼國人民事尼乾者，聞諍訟已生厭惡心……。」

這段記述證實了分裂的存在，但是只把爭論的情況作了描述，並未說明爭論的內容。至於分裂後的情況，我們可見於《大唐西域記》。玄奘於貞觀三年（629 年）西行求法，於貞觀十九年（645 年）回到長安，往返十九年，途經一百三十八國，所見所聞均有記載。玄奘在印度的時期，大致是耆那教分裂後的六百年。

此外，在卡納塔克還發現了耆那教的另一派別，名耶波尼耶，從銘文記載來看，他們主要存在於四七五年至一三一六年間，該派教徒有自己的寺廟，崇拜祖師偶像，出家人同樣裸體，因此有人認爲是裸體派的一個分支（如十五世紀的鳩納羅特納持此觀點）。但是也有人認爲他們屬於白衣派的分支，因爲該派支援白衣派的觀點，主張婦女也能得到拯救，成道者也需要進食。所以威廉姆斯的《梵英辭典》第八百四十九頁解釋說：「字根ya（耶）的含義是被驅逐，因此該派大概是被白衣派和裸體派驅逐後那些離散教徒的組織。他們沒有自己的經典，十五世紀以後不見記載，是否已和其他教派融合，無法定論。」

耆那教的傳播和發展

耆那教在印度宗教史上被視爲非正統宗教之一，儘管在它的教義和學說中也吸收了來自《奧義書》和婆羅門教的正統思想，如業報輪迴、個人解脫等，但是耆那教要求種姓平等、反對祭祀殺生、否認吠陀天啓、不承認梵天創造宇宙的觀點，從根本上說與正統的婆羅門教和印度教是對立的，所以長期以來在印度教盛行的地區或印度教佔統治地位的朝代，耆那教一直遭受迫害，歷史記載二世紀在南印度的槃底耶國，崇信濕婆教的孫陀羅王曾把八千名耆那教徒釘在樁上，這一歷史事實記載在摩度羅神廟的壁畫中，壁畫描繪了他們受刑的痛苦。

西元一一七四年在西印度的古吉拉特，信奉濕婆教的阿闍耶提婆王也以同樣的狂暴虐待過耆那教徒。到十二世紀以後，隨著阿富汗軍事力量的入侵，伊斯蘭教傳入印度，耆那教遭到大規模的破壞，大批教徒被殺，不少寺廟被焚，至十三世紀已處於十分衰微的狀態，但在南印度的泰米爾納德和卡納塔克地區仍有一些祕密的活動。

在十一至十三世紀，耆那教由於不斷遭受印度教和伊斯蘭教的迫害，各地僧團不得不進行分散的獨立活動，因而造成了內部的再次分裂，在白衣派和裸體派中出現了一些不同的分支，這些支派的主要區別是各自使用自己的寺廟；外出時隨身攜帶的驅蟲掃帚有所不同，有的用孔雀毛製成，有的用犛牛尾製成；另外，對待婦女也有不同的態度。

其後，從十五世紀中葉至十八世紀，在耆那教歷史上掀起了一次改革運動，這個運動最初由古吉拉特的白衣派所發動，以領導人郎迦·辛哈的名字命名，稱郎迦派運動。郎迦·辛哈於十五世紀中葉生於阿默達巴德，早期在古吉拉特的穆斯林政府中任職，後來他看到穆斯林官員隨意殺害生靈而感到憤懣，於是辭去政府工作開始學習耆那教的經典，後來成爲耆那教徒，但是他也受到伊斯蘭教的影響，不贊成耆那教的偶像崇拜。郎迦所領導的運動竭力反對偶像崇拜和繁瑣的祭祀儀禮。

後來在一六五二年又出現了由羅瓦吉所領導的斯塔納迦瓦西派，繼續改革事業；與此同時，在耆那教的另一個主要派別裸體派中也發生了改革運動，北印度裸體派的分支毗娑般提派提出寺廟建築應輝煌華麗，供奉神明應不斷增加，這一主張遭到特羅般提派的反對，於是在十七至十八世紀於阿哥羅等地區掀起了特羅般提運動，這個運動反對偶像崇拜和繁瑣的祭祀活動，對耆那教搖搖欲墜的地位產生一定的維護作用。

到十二世紀，耆那教已發展爲一個遍及印度各地的宗教。但在十三世紀以後，伊斯蘭教入侵印度並排擠異教，耆那教和其他宗教一樣，受到了重壓削減，但它並未隱形滅跡，而是一脈相傳，延續至今。

耆那教在今天的印度影響不是很大，但在印度各地還是可以看到不少耆那教廟，尤其是巨大的大雄像給人留下深刻印象。首都德里南郊不遠就有一個很大的大雄裸體石像，坐西朝東，莊嚴肅穆。身臨其境，靜思默想，眞會令人有一種慾念全消、萬物皆空的感覺。耆那教教徒中現今仍有人崇尚裸體至上，有時在德里一些人少的地方就能看到這種人的身影。

在印度現有教徒約三百至七百萬，佔總人口的百分之〇．五至百分之一。白衣派大部分集中於西印度的古吉拉特和拉賈斯坦邦；裸體派分爲南北兩支，北方集中於東拉賈斯坦、哈

里亞那、比哈爾邦和北方邦，南方主要分布在泰米爾納德、卡納塔克和安德拉邦，南北教徒之間平日沒有聯繫，只是在朝聖時有所接觸。白衣派教徒穿白色服裝，裸體派教徒一般不再裸體，穿本地服裝，只有少數嚴格遵守苦行戒律的僧人裸體。

耆那教向境外的傳播是十九世紀末伴隨著移民開始的，最早傳入東非。據牛津大學學者馬庫斯·班克斯考察，印度和東非之間的交往始於一世紀，但當時印非之間的交往只限於商品貿易，直到十六世紀之前，印度商人在東非還沒有固定的居留地。

大批的移民是在十九世紀末期英國佔領印度期間，當時英國殖民政府爲了在烏干達修築鐵路，從印度（包括現在的巴基斯坦）驅來三萬兩千名勞工，這些人和他們的後裔便成爲在非洲的移民。由於印度移民的到來，印度教、耆那教也隨之傳入非洲。在東非的耆那教徒主要由兩種人組成——奧斯瓦爾人和斯利瑪利人。前者原先住在古吉拉突邦賈姆納加爾城周圍的五十二個村莊裡；後者原先住在賈姆納加爾城南三十五公里處的小村裡，最初都是作爲勞工，用鎖鏈被驅趕到東非，後來成爲持有英國護照的印、巴移民。他們的子孫現在仍然信仰耆那教，建有自己的寺廟。目前在烏干達和坦尚尼亞的教徒屬於白衣派；在肯亞的信徒大部分屬於白衣派的分支迪拉瓦西派。

在二十世紀五〇年代末期和六〇年代初期，由於肯亞人民反對英國殖民主義鬥爭高漲，英國殖民當局採取暴力鎭壓，遂引起廣大甘蔗園和銅礦工人的大罷工。在這種情況下，持有英國護照的印、巴移民，尤其是富人和年輕人開始向英國轉移，部分耆那教徒也隨之來到英國。在英國的耆那教徒絕大部分也是奧斯瓦爾人和斯利瑪利人，奧斯瓦爾人屬於白衣派的分支迪拉瓦西派；斯利瑪利人半數屬於迪拉瓦西派，半數屬於白衣派。但是派別不同在英國是不重要的。當時英國的列斯特市被認爲是在英國的印度古吉拉突邦，它成爲來自東非的亞洲移民中心。

而最早來到英國的是奧斯瓦爾人，他們絕大部分是由印度直接遷徙來的，其目的是經商和留學。後來他們和東非來的奧斯瓦爾人相混合，於一九六八年成立了奧斯瓦爾協會。這一時期耆那教組織在英國的鄉村有三處比較集中的基地——一是倫敦北部的大片農村宅地，這是七〇年代末由奧斯瓦爾人購置的；二是伯明罕市中心以北的一處宅地，這是由本地耆那教徒與美國耆那教組織聯合購置的；三是列斯特市的耆那教中心宅地。在這些基地上，均建有耆那教寺廟，在美國和德國也有耆那教的研究機構。

摩尼教

摩尼教

摩尼教是西元三世紀在波斯興起的世界性宗教，因創始人摩尼而得名。中國舊譯明教、明尊教、二尊教、末尼教、牟尼教等。該教在瑣羅亞斯德教的理論基礎上，吸收了基督教、諾斯替教派、佛教等教義思想而形成自己的信仰。它的主要教義是「二宗三際論」，並形成一套獨特的戒律和寺院制度。三世紀至十五世紀，一直在亞非歐很多地區流行。約在六至七世紀間傳入我國。

該教雖然今天已絕跡，然而在鼎盛時期教徒人數卻很多，而且對世界總體影響也頗為深遠。摩尼教起源於中東，向西傳至大西洋，向東傳到太平洋，它經歷過一千多年的歷史。

摩尼教的起源

摩尼教產生於西亞，是西元三世紀中，由波斯帝國的古安息王族的後裔摩尼創立。摩尼（216—276年），生長於安息王國末期與煞珊王朝交替時期的波斯。

摩尼出生時，波斯還處於帕提亞王朝（西元前274—226年）統治之下。帕提亞人在西元前二世紀末征服了整個波斯，作為外來的征服者，對當地波斯百姓實行殘酷的政治壓迫和經濟剝削，對波斯貴族亦有強烈的民族歧視，不容許他們過問國家大事和擔任要職。因此，在帕提亞王朝統治期間，國內一直存在著緊張的民族和階級衝突。西元二、三世紀，該王朝已進入統治末期，變得相當腐敗了。統治階級內訌頻仍，互相傾軋，四分五裂，又和羅馬進行長期戰爭，竭盡軍力民財，使人民的生活痛苦不堪。在這種情況下，人民被迫紛紛揭竿而起，終於發展成民族大起義。

西元二二四年，在波斯西南部，即今伊朗的法爾斯省，爆發了阿爾達希領導的波斯人民反帕提亞王朝的大起義。起義軍和帕提亞王朝的軍隊進行三次大戰，於西元二二六年（一說為227年）在霍爾木茲平原一役，大破帕提亞軍：帕提亞國王亞達萬戰敗身死，其政權土崩瓦解。

於是，阿爾達希便取而代之，建立起自己的統治，史稱薩珊王朝。摩尼的所謂第一次啓示，就是在薩珊王朝建立兩年後發生的。阿爾達希出身於王公貴族，他依靠人民的力量打敗了帕提亞王朝，建立起他自己的政權，但他並沒有給人民帶來任何幸福。勝利後，阿爾達希及其繼承者沙音爾一世趾高氣揚，憑藉武力向外擴張，企圖創造一個統一的大帝國。他東征印度，西攻羅馬，北克亞美尼亞，窮兵黷武，勞民傷財，給人民帶來了極大的災難。

摩尼的一生，目睹了新舊王朝的交替，經歷著新舊剝削制度的轉換。他所處的時代，人民備受痛苦，精神無所寄託，正是宗教最容易繁榮滋長的時代。摩尼看到了波斯人和帕提亞人的鬥爭，看到了波斯人和羅馬人的鬥爭，看到了新舊剝削制度的鬥爭。總之，他看盡了社會上種種對立力量的鬥爭。摩尼的宗門思想正是當時這些社會現實歪曲了的反映。由於現實種種力量鬥爭的結果都不能解除人們的苦難，這反映到摩尼的教義中，就變成了對現世的極端悲觀和否定。把現實世界當作黑暗物質的生成物，把最終的希望寄託在世界的毀滅之後。

再者，由於摩尼之父是猶太教中後來傾向基督教派的哈西德派教徒，受其父影響，摩尼少時亦信奉該教派；後逐漸對此信仰萌生不同看法，特別是對其宗教習俗的意見和批評；繼而又轉信「瑣羅亞斯德教」，併入教為祭司，但後來又反對祭司們的奢侈腐敗作風，而主張

「守貧」才能成「聖人」；繼而在二十五歲時，宣稱自己是上帝的最後一個「先知」，並宣告了自己的新信仰，學術界普遍認爲這就是其教的創立，是當時的西元二四一年。顯然，摩尼教主要是產生於猶太教和瑣羅亞斯德教的宗教信仰背景。

摩尼教的教義

摩尼教教義的核心就是摩尼的二宗門和三際論。二宗，也就是光明和黑暗，即善和惡；三際，也就是初際、中際和後際，即過去、現在和未來。

摩尼把明暗二宗，當作世界的本原。他把光明和黑暗說成是兩個相鄰的王國，這兩個王國自始就存在著，並非由誰所創造。光明王國佔據著北、東、西三方，黑暗王國則僅佔南面一方。在光明王國裡充滿著光明、善美、平和、秩序、潔淨，不存在著任何痛苦、疾病、憂愁等。總之，在光明王國裡，充滿著現實世界中人們所嚮往的一切美好東西。

黑暗王國的情形與光明王國正好相反。摩尼把黑暗王國描述成爲一個充滿煙火、合氣、颶風、汙泥、毒水的地方；那裡居住著兇惡的「五類魔」，他們有的是兩腳，有的是四腿，

有的帶翅膀，有的會游水，有的靠爬行。各類魔都有雌雄兩性，終日沉溺在情慾和爭吵之中。在黑暗王國，到處是殘暴、愚癡、紊亂，最高統治者是黑暗魔王，他身具五類魔的各種醜惡特徵。總之，黑暗王國可以說是集現實生活中一切邪惡之大成。

初際者，未有天地，但殊明暗；明性智慧，暗性愚癡；諸所動靜，無不相背。

中際者，暗既侵明，姿情馳逐；明來入暗，委質推移。大患默離於形體，火宅願求於出離。勞身救性，聖教固然。即妄爲眞，孰敢聞命？事須辯折，求解脱緣。

後際者，教化事畢，眞妄歸根；明既歸於大明，暗亦歸於積暗。二宗各復，兩者交歸。

從以上對於二宗三際的解釋，我們可以看出，三際的內容不過是二宗在過去、現在和未來三個時期的不同表現。

摩尼自稱是繼瑣羅亞斯德、佛陀、耶穌等被大明尊派到世間的最後一個使者。摩尼所要做的一切，就是通過宣傳二宗三際論來指導人類「勞身救性」。勞身便是修煉自己，救性就是拯救靈魂。如何修煉自己呢？摩尼對他的信徒定下了一系列的清規戒律，他要信徒不吃葷、

不喝酒、不結婚、不積聚財產；他要信徒每天懺悔入教前犯過的十種不正當行爲，即虛僞、妄誓、爲惡人作證、迫害善人、撥弄是非、行邪術、殺生、欺詐、不能信託及做使日月不喜歡的事情；他要信徒遵守十誡——不拜偶像、不謊語、不貪、不殺、不淫、不盜、不行邪道巫術、不二見（懷疑）、不惰、每日四時（或七時）祈禱。摩尼認爲只要遵循他的這些訓示，靈魂就將最終得救，就將能經過月宮，浮升日宮，回歸光明王國。而那些墮落不悔的靈魂，則將在世界的末日與黑暗物質一起被埋葬到地獄裡。

摩尼所說的中際，是一個相當漫長的時期，它從「暗既侵明」，到形成天地、造成人類，直到地球徹底毀滅爲止。在此之後，便進入了「明既歸於大明，暗亦歸於積暗」的後際時期。摩尼的所謂後際，實際就是恢復到初際那種情景；只不過到了那時，黑暗物質將永遠被囚禁，再也沒有機會可以重入光明王國了。由是，摩尼所謂三際間的關係，如果用現代哲學語言來說，似可以把中際作爲對初際的否定，把後際當爲對初際的否定之否定。

以上便是摩尼整個二宗三際論的梗概。從這個梗概中，我們可以清楚地看到，摩尼之二宗三際論乃是一個完整的宗教神話體系。這個體系包括了對世界的本原、世界的形成和世界未來的解釋，對世界提出了他的總體看法。

摩尼教的儀式和節日

摩尼教要求一般信徒每天祈禱四次，僧侶每天祈禱七次，即《佛祖統紀》引《夷堅志》說的，以七時作禮。一般信徒在星期天（漢文音譯密日）齋戒，選民（僧侶）在星期天和星期一（漢文音譯莫日）齋戒兩天。《宿曜經》記載：「尼乾子末摩尼以密日持齋，亦事此日爲大日，此等事持不忘。」《下部贊》中的「此偈凡莫日（星期一）用爲結願」寫道：「贊此今時日，於諸時最勝，諸有樂性者，今時入香水，滲浴諸塵垢，皆當如法住。」可能在星期一舉行某種類似洗禮的儀式。《下部贊》中另有「此偈凡至莫日與諸聽者懺悔願文」，寫道：「對今吉日，堪讚歎時，七寶香池，滿活命水。」可見中國的一般摩尼教信徒在星期一也要舉行懺悔和類似洗禮的儀式。

摩尼教徒最大的宗教節日是庇麻節，紀念摩尼受難，通常在每年的十二月舉行。此前有約一個月的齋戒。庇麻意爲祭壇，虛位以待，象徵摩尼降臨。從描繪庇麻節的細密畫來看，一位僧侶右手握著一隻杯子，前面的紅桌子上放著麵包，可能在舉行一種類似基督教聖餐的儀式。《下部贊》「歎五明文第二疊」說「夷數血肉此即是，堪有受者隨意取」，描寫的就

可能是這種儀式。從《祈禱和懺悔書》中知道，庇麻節上要朗讀摩尼最後的書信，吟唱讚美摩尼、第三使、光耀柱、救主耶穌、諸明使、庇麻等的詩篇和歡樂頌。

摩尼教的典籍

摩尼清楚意識到自己的宗教與以前的瑣羅亞斯德教、猶太教、基督教、佛教的一個不同之處是，其他宗教的創始者沒有親自寫定經典，以致於繼承者莫衷一是，於是決意自己在有生之年就寫定經典，使繼承者有所適從。

敦煌出土的漢文《摩尼光佛教法儀略》（簡稱《儀略》）中列舉了摩尼教七部大經及圖，可以與《佈道書》等科普特文摩尼教文獻中的記載相印證：即《徹盡萬法根源智經》（《生之福音》或《大福音書》）、《淨命寶藏經》（《生命之寶藏》）、《律藏經》或稱《藥藏經》（《書信》）、《祕密法藏經》（《祕密書》）、《證明過去經》（《專題論文》）、《大力士經》（《巨人書》）、《贊願經》（《詩篇和祈禱書》）、《大二宗圖》（《圖集》）。上述七部大經是摩尼親自用古敘利亞文所寫的，如今已經大部分失傳，有的還能找到一些斷簡殘篇。《大力士經》的殘片較多，可以看出與死海古卷中的《以諾書》有淵源關係。此外，在阿拉伯史料中，把

摩尼用中古波斯文所寫、題獻給沙普爾一世的《沙卜拉干》也列爲經典，它應該就是延載元年（694年）傳入中國的《二宗經》，關於世界末日的部分尙保存比較完整。

除了摩尼親自寫的上述經典外，摩尼教還遺存了大量文獻，大致可以分爲五類。

一、宗教歷史性文獻。類似基督教的福音書、使徒行傳、信徒書，雜有關於奇蹟的記載，但是仍然有信史的成分。袖珍型的《科隆摩尼古卷》已刊一百九十二頁，由摩尼弟子轉述的摩尼自傳資料彙編而成，基本上以第一人稱回顧了摩尼早年在浸禮派中生活、受到神我啓示、與其決裂和開始傳教的歷程。科普特文的《佈道書》（Homilies）已刊九十六頁，其中第四十二至八十五頁是關於覺悟者（即摩尼）被釘上十字架的記載，第七至四十二頁則是大戰講義，與今存《沙卜拉干》殘片類似，講述摩尼教關於世界末日發生大戰的教義。

二、教義闡釋。埃及麥地納馬地出土的科普特文《生之福音》評注的一部分圖版和《我主摩尼智慧的克弗來亞》的全部圖版已經出版，有若干介紹，全部內容尙待科普特文專家釋讀。《導師（即摩尼）的克弗來亞》已經釋讀兩百九十五頁，翻譯成德文和英文。克弗來亞意爲綱目、章節、要義。《儀略》中說，摩尼其餘六十年間宣說正法，諸弟子等隨事記錄，克弗來亞顯然是這種記錄中最重要的一種，在西方史料中，它常被列爲摩尼教經典。我們今天

能看到的有一百二十二章，通常是對話體，即由摩尼的弟子問一個或一些問題，摩尼予以解答，內容涉及摩尼教幾乎所有的方面。敦煌出土的漢文《摩尼教殘經一》與此類似，也是闡釋教義的對話體記錄，今存三百四十五行。由摩尼弟子阿馱提出問題，摩尼予以解答，從諸神造成世界和貪魔造立人身講起，敘述貪魔以五明性禁於肉身，而惠明使與之鬥爭，使五明性得以解脫，也即使故人轉化爲新人。這與《導師的克弗來亞》第三十八章相近。《摩尼教殘經一》的另一個主要部分講述惠明使通顯三大光明日，降伏二種無明暗夜，與《導師的克弗來亞》第四章類似。

三、詩篇

埃及麥地納馬地出土的科普特文詩篇圖版已經公開，其中保存較好的第二部分共兩百三十四頁已經釋讀並翻譯成英文。敦煌出土的漢文《摩尼教下部贊》今存四百二十三行，已經翻譯成英文和德文。吐魯番出土很多伊朗語與回鶻語詩篇殘片，其中比較長篇的，如帕提亞文《胡威達曼》和《安格羅斯南》、回鶻文《摩尼大頌》等已經釋讀並翻譯成歐洲語文。摩尼教詩篇內容大致可以分爲：庇麻節（Bema）詩篇、讚頌各個神（特別是耶穌）、讚頌摩尼與其他宗教領袖的詩篇等等。通過比較研究這些詩篇，我們可以觀察一些相同或類似的宗教象徵符號怎樣在不同文明之間傳播、翻譯、假借、融合。

四、關於教團組織和儀規的文獻。本世紀初在北非阿爾及利亞的特貝薩發現一篇拉丁文書，討論摩尼教選民（僧侶）和聽者（一般信徒）的區別，已經翻譯成英文。敦煌出土的回鶻文《摩尼教懺悔文》包括十五項懺悔的內容，已經被翻譯成德文、俄文、英文和中文。吐魯番交河城出土的《回鶻文摩尼寺院文書》的圖版公開於一九五四年，已經有中文、德文（部分）、英文和日文譯本。敦煌出土的漢文《儀略》簡明扼要地敘述了摩尼生平和創教、他的形象、主要典籍、教團組織結構、寺院制度、基本教義二宗三際論，已經有英文、法文和德文譯本。《儀略》可能不是從中亞語言直接翻譯過來的，而是精通中亞摩尼教文獻的僧侶所著。

五、文學性的佈道作品。摩尼教廣泛利用各個文明中固有的故事，加以改造來宣傳自己的教義。粟特文故事中就有很多這樣的例子：《宗教和世界之海的故事》明顯源自佛教《海八德經》等經文，以大海比喻和讚美摩尼教；《珍珠穿孔工人的故事》起源於波斯，伊本穆蓋法耳翻譯的阿拉伯文譯本《凱利萊和迪木奈》中有類似的故事；《三條魚的故事》與印度《五卷書》中的一個故事類似；《商人和精靈的故事》改編自聖經《士師記》第十一章（耶弗他的女兒）和維吉爾的史詩《埃涅阿斯紀》中關於克里特王伊多梅紐斯的故事；《猴子和狐狸的故事》出自伊索寓言；《約伯的故事》出自聖經《約伯記》。回鶻文故事中也不乏同樣

的例子，也有出自伊索寓言的故事。佛陀身爲太子時，出城遇到老人、病人和死人，從而悟道的回鶻文故事，可能譯自粟特文，而粟特文譯本可能是中世紀歐洲廣泛流傳的《白爾拉木和約薩法特》的故事的雛形；《醉漢和屍體的故事》令人聯想到基督教僞經《約翰行傳》中的類似情節；《三個王子的故事》源自波斯；《通天文婆羅門書》則源自印度。

摩尼教的傳播和發展

由於摩尼所要建立的是一個不受任何地區和國界限制、爲全世界人民所普遍信仰的宗教，這一世界宗教思想正好與沙普爾向外擴張建立統一波斯大帝國的野心不謀而合，因而便得到了他的大力支持。在沙普爾一世時代，摩尼曾紅極一時。他出入宮廷之中，陪同沙普爾和羅馬作戰；又派遣眾多的傳教團，四處傳教。當二七三年沙普爾死時，摩尼教已在波斯全境中確立。但好景不長，瓦赫蘭一世（274—277年）繼位後，便改變了對摩尼教優容的政策，摩尼被迫回到自己的家鄉。後來，瓦赫蘭又召見了摩尼，將他囚禁。二十多天後，大約是西元二七七年二月二十六日，瓦赫蘭下令將摩尼釘死在十字架上。劊子手殘忍地剝下他的皮，塡以稻草，掛在甘第沙普的城門上。

在西方，摩尼在世時，摩尼教已經傳播到敘利亞、巴勒斯坦和埃及。西元三〇〇年左右，摩尼教徒在埃及已經頗有聲勢，以致於哲學家亞歷山大覺得有必要撰文與其論戰。摩尼教又從埃及傳播到北非和西班牙，從敘利亞傳播到小亞細亞，再從那裡傳播到希臘、亞德里亞海東岸、義大利和高盧。這些地方當時均在羅馬帝國統治之下，摩尼教遭到政府的粗暴迫害。皇帝戴克里先於二九七年發布著名的詔書，命令非洲總督鎮壓摩尼教。基督教當時也遭到戴克里的迫害，但是不久即取得國教地位，將摩尼教視爲最危險的對手，不遺餘力地從教俗兩方面進行鬥爭。執事馬克寫的加沙主教波菲里傳中，記載了三七五年波菲里與摩尼教女信徒、來自安條克的朱麗亞的一場辯論。聖奧古斯丁（354—430 年）則記載了他與摩尼教徒福圖那圖斯、菲力克斯的辯論。這些辯論正是基督教與摩尼教鬥爭的典型例子。著名的希臘文教義之正式聲明說明遲至九世紀，摩尼教仍然在西方活動。不過一千年以後，在西方就不再看到關於他們的記載了。

歐洲中世紀出現過所謂新摩尼教，比如，七世紀亞美尼亞的保羅派、十世紀保加利亞的鮑格米勒派和十二世紀法國南部的阿爾比派，都有類似摩尼教之處，可能曾受其影響。但是很難確定它們與摩尼教之間的直接歷史聯繫。

在東方，薩珊王朝時期（224—651年）摩尼教在波斯本土不斷遭到血腥迫害，它的主要力量逐漸匯聚到中亞烏滸水（今阿姆河）流域，粟特城市薩秣建（撒瑪律干）和赭時（塔什干）成爲摩尼教傳播的重要基地。六世紀末，中亞摩尼教團在撒特奧爾米茲領導下，與巴比倫的領袖分裂，以電那勿派的名稱獨立。這種分裂狀態到八世紀初才結束，中亞重新接受巴比倫法王米爾（約710—740年）的領導。七世紀中葉，穆斯林征服波斯以後，摩尼教徒的處境有所改善，伍麥葉王朝（661—750年）讓他們和平地活動，可能根本沒有怎麼注意他們。阿拔斯王朝時期（750—1258年），許多摩尼教文獻被翻譯成阿拉伯文，比如，伊本穆蓋法耳（757年卒）曾把摩尼的幾本著作翻譯成阿拉伯文，比魯尼和奈丁就是在一些摩尼教著作阿拉伯文譯本的基礎上，撰寫摩尼教歷史的。同時，阿拔斯王朝恢復了薩珊王朝反摩尼教的做法，譴責許多波斯血統的翻譯者是摩尼教的同情者。在麥海迪（775—785年）和穆格台迪爾（908—932年）統治時期，設立了專門處置異教徒（主要是摩尼教徒）的機構，無情地對摩尼教徒進行迫害。九六七年奈丁在首都巴格達親身認識三百個摩尼教徒，但是，當他寫作《群書類述》時，只有五個還留在首都，可見迫害之激烈。可能西元一千年左右，摩尼教徒在伊拉克就滅絕了。

摩尼教在中國的傳播

唐高宗朝（650—683年）摩尼教可能已經傳入中國。武則天延載元年（694年）波斯國人拂多誕（侍法者）持《二宗經》至中國。開元七年（719年）吐火羅國（位於今阿富汗北部）支那汗王帝賒上表，獻解天文大慕（承法教道者），請置法堂。開元二十年（732年），唐玄宗下敕嚴加禁斷，但西胡可以繼續信仰。

安史之亂末期，代宗寶應元年（762年）叛將史朝義誘回鶻牟羽可汗進攻長安，唐遣藥子昂迎勞，牟羽可汗遂支持唐軍東擊史朝義，克洛陽，放兵擄剽。牟羽可汗於次年帶睿息等四僧回到回鶻，與他們討論了三天三夜，經過激烈思想改造，改宗摩尼教。遠在巴比倫的摩尼教教主派第一級僧侶到回鶻，確立摩尼教在回鶻的國教地位，使回鶻社會發生深刻變化。同時，摩尼教依靠回鶻的勢力，在唐帝國各地設置寺院。摩尼教勢力的擴張引起了佛教徒的警覺，禪宗典籍《歷代法寶記》中出現了對外道末曼尼（即摩尼）的攻擊。《歷代法寶記》約七六五年傳入吐蕃，不久後（約775—797年間）赤松德贊所撰《眞正言量略集》中也出現對異端摩尼的抨擊。

元和、長慶年間（806—824年）摩尼教僧侶常與回鶻可汗議政，作爲回鶻的官方代表出使唐朝，勢力鼎盛。開成五年（840年），回鶻爲黠戛斯所破，唐朝立即改變對摩尼教的優容態度，會昌三年（843年）沒收摩尼寺的莊宅錢物，焚燒其書籍圖畫，流放其僧侶，死者大半。會昌五年武宗禁佛，同時禁止各種外來宗教，摩尼教當也在其列。

摩尼教不容於唐朝朝廷，但西域各國五代北宋時摩尼教猶盛。回鶻西遷，在吐魯番建立高昌王國，摩尼教繼續處於國教地位，留下了大量各種語言的文獻和寺院、壁畫、細密畫等遺物，北宋太平興國六年（981年）出使高昌的王延德等親眼目睹了那裡摩尼寺的情況。西遷後的回鶻和於闐也曾派遣摩尼師出使中原。但是佛教逐漸佔居上風，到十三世紀中葉蒙古征服塔里木盆地地區時，摩尼教與佛教相比已經微不足道。

中原的摩尼教則不得不依附佛教、道教以自存，而逐漸演變爲一種祕密宗教，通常被稱爲明教。逃脫會昌法難的摩尼教呼祿法師來到福建，福建成爲摩尼教在中國南方繼續傳播的主要源頭。北宋至道中，懷安士人李廷裕在京城開封一家卜筮商店裡買到了一尊摩尼像，從此摩尼像就在福建流傳開了。大中祥符九年（1016年）、天禧三年（1019年）朝廷兩次敕福州；政和七年（1117年）、宣和二年（1120年）禮部兩次牒溫州，「皆宣取摩尼經頒入道藏」。

眞宗朝（998—1022年）進獻明教經典的福建士人林世長授守福建文學。編入道藏的摩尼教經典中可能有《老子化胡經》、《明使摩尼經》、《二宗三際經》等。摩尼教已經在福建贏得部分士人的信仰，依託道教，向合法化方向發展。

但是，摩尼教經常被指斥爲鼓動叛亂的邪教。北宋太平興國間（980年）撰寫的《僧史略》把梁貞明六年（920年）陳州毋乙叛亂以及後唐、石晉（923—946年）時的相關叛亂歸罪於摩尼黨類。宣和二年方臘發動大規模農民起義，統治者大爲震驚，嚴厲鎭壓各種宗教結社。

南宋時，有的官員常把明教與其他宗教結社並列，視之爲邪教。陸游在紹興三十二年（1162年）寫的條對狀中寫道：

「淮南謂之二襘子，兩浙謂之牟尼教（即摩尼教），江東謂之四果，江西謂之金剛禪，福建謂之明教、揭諦齋之類。名號不一，明教尤盛。至有秀才、吏人、軍兵亦相傳習。其神號曰明使，又有肉佛、骨佛、血佛等號。白衣烏帽，所在成社。」

元代在泉州設有管理明教和秦教（當即景教）的長官。馬可波羅及叔叔一二九二年到達福州時遇到的一個當地無名教派可能是摩尼教團。明太祖洪武（1368—1398年）初曾下詔並立法禁止各種異端信仰，其中包括牟尼明尊教（即摩尼教）。浙江按察司僉事熊鼎以大明教瞽俗眩世，且名犯國號，奏請沒收其財產而驅其眾爲民。明太祖可能因爲這道奏摺，嫌明教教門上逼國號，擯其徒，毀其宮，戶部尙書郁新、禮部尙書楊隆奏留之，因得置之不問。儘管清律、安南律都因襲明律，繼續禁止牟尼明尊教，但是，有清一代和安南地方未必眞正有摩尼教徒的活動了。

一次讀懂宗教
10大世界宗教探索
Exploring the World Religions

編　　者 / 王學典
編　　輯 / 吳宣恩
美　　術 / 九角設計
出　　版 / 靈活文化事業有限公司
234 新北市永和區環河東路一段 118 號 1 樓
讀者服務 / Tel：(02) 8925-8682　Fax：(02) 8925-5898
發　　行 / 商流文化事業有限公司
235 新北市中和區中正路 752 號 8 樓
Tel：(02) 5579-9575　Fax：(02) 2228-6939
出版日期 / 2018 年 2 月初版第一刷
定　　價 / 280 元
網　　站 / Http://www.vdm.com.tw
E-mail / quick20010309@gmail.com

國家圖書館出版品預行編目資料

一次讀懂宗教：10 大世界宗教探索 / 王學典編著 . -
- 初版 . -- 新北市：靈活文化，2018.02
面；　公分
ISBN 978-986-5721-39-8(平裝)
1. 宗教史
209　　107000520

ISBN 978-986-5721-39-8　　Printed in Taiwan

靈活文化

靈活文化